LE LIVRE DES MÈRES

LES ENFANTS

PAR

VICTOR HUGO

VIGNETTES PAR E. FROMENT

BIBLIOTHÈQUE

D'ÉDUCATION ET DE RÉCRÉATION

J. HETZEL & Cie, 18, RUE JACOB

PARIS

LES ENFANTS

LES ENFANTS
PAR
VICTOR HUGO
DESSINS DE
EUG. FROMENT
J. HETZEL & Cie. EDITEURS
R. Brend'amour

LE LIVRE DES MÈRES
LES ENFANTS

PAR

VICTOR HUGO

VIGNETTES PAR E. FROMENT

BIBLIOTHÈQUE
D'ÉDUCATION ET DE RÉCRÉATION

J. HETZEL & Cie, 18, RUE JACOB

PARIS

—

PRÉFACE

DE LA

PREMIÈRE ÉDITION ILLUSTRÉE.

Ce qui est offert aux mères dans ce recueil, c'est le miroir même de leur cœur, c'est le trésor amassé de leurs plus vives comme de leurs plus suaves émotions. Amis et adversaires, tous, sans acception d'école et de parti, avaient admiré, éparses dans l'ensemble des œuvres du poëte, les perles dont a été composé cet écrin. Chacune, pour ainsi dire, était célèbre pour son compte. Les éditeurs de ce livre ont eu raison de penser que, réunies, elles auraient une valeur inestimable.

Ce recueil est, certes, unique en son genre.

« Cela a été, en effet, un don tout à fait particulier à l'auteur des ravissants poëmes qu'on va lire et relire de pouvoir peindre, de pouvoir chanter ainsi les enfants. Victor Hugo, contraste étrange, si l'on pense aux qualités robustes et parfois terribles qui distinguent son œuvre générale, Victor Hugo restera comme le plus tendre, comme le plus aimable, comme le plus véritablement sensible de nos poëtes. Sur ce doux terrain de la famille, il est sans rival dans le passé aussi bien que dans le présent. Nul n'a su dire comme lui aux mères heureuses : « Voici vos joies; » nul aux mères désolées : « Voici vos larmes. » Ce livre est plein de cris joyeux, de bruits d'oiseaux, de tous ces gais et charmants ramages qui sont la chanson de l'enfance. Hélas ! il est plein de douleurs aussi. Le poëte y montre bien que la poésie de la famille est de la poésie sacrée, et qu'il n'y a rien de plus religieusement, de plus naturellement lyrique ici-bas, que le cœur d'un père à genoux sur la tombe de son enfant.

Ce volume est donc en même temps la fleur de l'âme d'un grand poëte et la sainte émanation de sentiments presque divins, inspirés par le plus lamentable des deuils, le deuil de la maison. Quelques-unes des pièces qui le terminent sont des hymnes. Jamais, dans aucun temps et dans aucun pays, une douleur inconsolable n'a eu cet accent à la fois ferme et ému, cet accent biblique qui donne la hauteur d'un cantique à la pièce qui a pour titre : *A Villequier*. Cette pièce clôt et devait clore, en effet, ce volume.

J'ajouterai que j'aurais appelé ce livre LE LIVRE DES MÈRES, plutôt encore que LE LIVRE DES ENFANTS. Les enfants n'en sont que le sujet, les mères en sont le but : c'est à elles que ce livre appartient.

Le succès considérable obtenu par l'édition in-18 de cet admirable recueil a engagé les éditeurs à en faire enfin une de ces belles et définitives éditions qui consacrent et illustrent, dans le sens moral comme dans le sens matériel du mot, les œuvres les plus universellement appréciées.

La difficulté pour l'illustration de chacun de ces poëmes était de trouver un peintre, poëte lui-même, capable d'entrer dans le sentiment exquis de son modèle et de n'en pas gâter l'harmonie. Le talent élevé et délicat de M. Froment a précisément ce caractère de douceur dans la force qui lui permettait d'interpréter la pensée du maître.

P.-J. STAHL.

Naître, et ne pas savoir que l'enfance éphémère,

Ruisseau de lait qui fuit sans une goutte amère,

Est l'âge du bonheur et le plus beau moment

Que l'homme, ombre qui passe, ait sous le firmament !

LES TÊTES BLONDES

LES TÊTES BLONDES
I

I

Lorsque l'enfant paraît, le cercle de famille,
Applaudit à grands cris; son doux regard qui brille
Fait briller tous les yeux,
Et les plus tristes fronts, les plus souillés peut-être,
Se dérident soudain à voir l'enfant paraître,
Innocent et joyeux.

Soit que juin ait verdi mon seuil, ou que novembre
Fasse autour d'un grand feu vacillant dans la chambre

Les chaises se toucher,
Quand l'enfant vient, la joie arrive et nous éclaire.
On rit, on se récrie, on l'appelle, et sa mère
Tremble à le voir marcher.

Quelquefois nous parlons, en remuant la flamme,
De patrie et de Dieu, des poëtes, de l'âme
Qui s'élève en priant;
L'enfant paraît, adieu le ciel et la patrie
Et les poëtes saints! la grave causerie
S'arrête en souriant.

La nuit, quand l'homme dort, quand l'esprit rêve, à l'heure
Où l'on entend gémir, comme une voix qui pleure,
L'onde entre les roseaux,
Si l'aube, tout à coup, là-bas luit comme un phare,
Sa clarté dans les champs éveille une fanfare
De cloches et d'oiseaux!

Enfant, vous êtes l'aube et mon âme est la plaine
Qui des plus douces fleurs embaume son haleine

Quand vous la respirez ;
Mon âme est la forêt dont les sombres ramures
S'emplissent pour vous seul de suaves murmures
Et de rayons dorés !

Car vos beaux yeux sont pleins de douceurs infinies,
Car vos petites mains, joyeuses et bénies,
N'ont point mal fait encor ;
Jamais vos jeunes pas n'ont touché notre fange ;
Tête sacrée ! enfant aux cheveux blonds ! bel ange
A l'auréole d'or !

Vous êtes parmi nous la colombe de l'arche.
Vos pieds tendres et purs n'ont pas l'âge où l'on marche.
Vos ailes sont d'azur.
Sans le comprendre encor, vous regardez le monde.
Double virginité ! corps où rien n'est immonde,
Ame où rien n'est impur !

Il est si beau, l'enfant avec son doux sourire,
Sa douce bonne foi, sa voix qui veut tout dire,

Ses pleurs vite apaisés,
Laissant errer sa vue étonnée et ravie,
Offrant de toutes parts sa jeune âme à la vie
Et sa bouche aux baisers!

Seigneur! préservez-moi, préservez ceux que j'aime,
Frères, parents, amis, et mes ennemis même
Dans le mal triomphants,
De jamais voir, Seigneur, l'été sans fleurs vermeilles,
La cage sans oiseaux, la ruche sans abeilles,
La maison sans enfants!

Mai 1830.

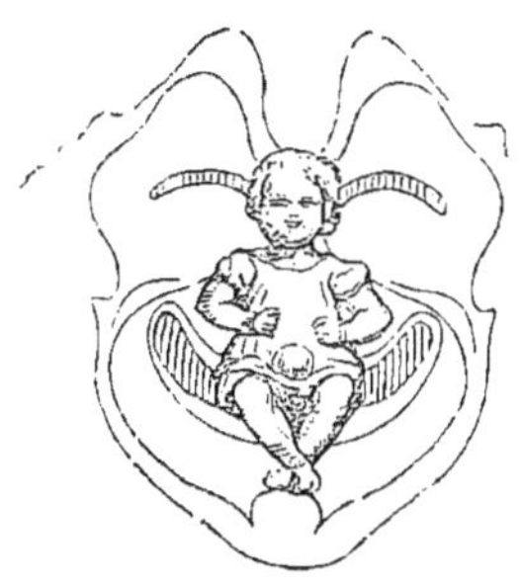

II

LE PORTRAIT D'UNE ENFANT.

Oui, ce front, ce sourire et cette fraîche joue,
C'est bien l'enfant qui pleure et joue,
Et qu'un esprit du ciel défend!
Do ses doux traits, ravis à la sainte phalange,
C'est bien le délicat mélange;
Poëte, j'y crois voir un ange,
Père, j'y trouve mon enfant.

On devine, à ses yeux pleins d'une pure flamme,
Qu'au paradis, d'où vient son âme,
Elle a dit un récent adieu.
Son regard, rayonnant d'une joie éphémère,
Semble en suivre encor la chimère,
Et revoir dans sa douce mère
L'humble mère de l'Enfant-Dieu !

On dirait qu'elle écoute un chœur de voix célestes,
Que, de loin, des vierges modestes
Elle entend l'appel gracieux ;
A son joyeux regard, à son naïf sourire,
On serait tenté de lui dire :
« Jeune ange, quel fut ton martyre,
Et quel est ton nom dans les cieux ? »

. . . .

Novembre 1825.

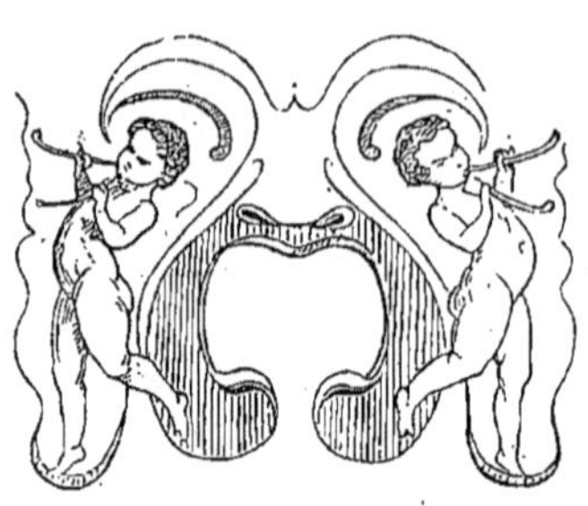

III

. . . .

L'autre jour il venait de pleuvoir, car l'été,
Cette année, est de brise et de pluie attristé,
Et le beau mois de mai, dont le rayon nous leurre,
Prend le masque d'avril, qui sourit et qui pleure.
J'avais levé le store aux gothiques couleurs.
Je regardais au loin les arbres et les fleurs.
Le soleil se jouait sur la pelouse verte
Dans les gouttes de pluie, et ma fenêtre ouverte
Apportait du jardin à mon esprit heureux
Un bruit d'enfants joueurs et d'oiseaux amoureux.

Paris, les grands ormeaux, maison, dôme, chaumière,
Tout flottait à mes yeux dans la riche lumière
De cet astre de mai dont le rayon charmant
Au bout de tout brin d'herbe allume un diamant !
Je me laissais aller à ces trois harmonies,
Printemps, matin, enfance, en ma retraite unies ;
La Seine, ainsi que moi, laissait son flot vermeil
Suivre nonchalamment sa pente, et le soleil
Faisait évaporer à la fois sur les grèves
L'eau du fleuve en brouillards et ma pensée en rêves !

. . . .

Mai 1830.

IV

LA VACHE.

Devant la blanche ferme où parfois vers midi
Un vieillard vient s'asseoir sur le seuil attiédi,
Où cent poules gaîment mêlent leurs crêtes rouges,
Où, gardiens du sommeil, les dogues dans leurs bouges
Écoutent les chansons du gardien du réveil,
Du beau coq vernissé qui reluit au soleil,

Une vache était là tout à l'heure arrêtée;
Superbe, énorme, rousse, et de blanc tachetée,
Douce comme une biche avec ses jeunes faons,
Elle avait sous le ventre un beau groupe d'enfants;

D'enfants aux dents de marbre, aux cheveux en broussailles,
Frais, et plus charbonnés que de vieilles murailles,
Qui, bruyants, tous ensemble, à grands cris appelant
D'autres qui, tout petits, se hâtaient en tremblant,
Dérobant sans pitié quelque laitière absente,
Sous leur bouche joyeuse et peut-être blessante
Et sous leurs doigts pressant le lait par mille trous,
Tiraient le pis fécond de la mère au poil roux.
Elle, bonne et puissante, et de son trésor pleine,
Sous leurs mains par moments faisant frémir à peine
Son beau flanc plus ombré qu'un flanc de léopard,
Distraite, regardait vaguement quelque part.

Ainsi, Nature! abri de toute créature!
O mère universelle! indulgente Nature!
Ainsi, tous à la fois, mystiques et charnels,
Cherchant l'ombre et le lait sous tes flancs éternels,

Nous sommes là, savants, poëtes, pêle-mêle,
Pendus de toutes parts à ta forte mamelle!
Et, tandis qu'affamés, avec des cris vainqueurs,
A tes sources sans fin désaltérant nos cœurs,
Pour en faire plus tard notre sang et notre âme,
Nous aspirons à flots ta lumière et ta flamme,
Les feuillages, les monts, les prés verts, le ciel bleu,
Toi, sans te déranger, tu rêves à ton Dieu!

Mai 1837.

V

L'enfant, voyant l'aïeule à filer occupée,
Veut faire une quenouille à sa grande poupée.
L'aïeule s'assoupit un peu ; c'est le moment.
L'enfant vient par derrière et tire doucement
Un brin de la quenouille où le fuseau tournoie,
Puis s'enfuit triomphante, emportant avec joie
La belle laine d'or que le safran jaunit,
Autant qu'en pourrait prendre un oiseau pour son nid.

Cauteretz, août 1845.

VI

Dans ce jardin antique où les grandes allées
Passent sous les tilleuls, si chastes, si voilées,
Que toute fleur qui s'ouvre y semble un encensoir,
Où, marquant tous ses pas de l'aube jusqu'au soir,
L'heure met tour à tour dans les vases de marbre
Les rayons du soleil et les ombres de l'arbre,
Anges, vous le savez, oh! comme avec amour,
Rêveur, je regardais dans la clarté du jour

Jouer l'oiseau qui vole et la branche qui plie,
Et de quels doux pensers mon âme était remplie,
Tandis que l'humble enfant dont je baise le front,
Avec son pas joyeux pressant mon pas moins prompt,
Marchait en m'entraînant vers la grotte où le lierre
Met une barbe verte au vieux fleuve de pierre!

Février 1837.

VII

Le vallon où je vais tous les jours est charmant,
Serein, abandonné, seul sous le firmament,
Plein de ronces en fleurs; c'est un sourire triste.
Il vous fait oublier que quelque chose existe,
Et, sans le bruit des champs remplis de travailleurs,
On ne saurait plus là si quelqu'un vit ailleurs...
J'y rencontre parfois sur la roche hideuse
Un doux être : quinze ans, yeux bleus, pieds nus, gardeuse

De chèvres, habitant, au fond d'un ravin noir,
Un vieux chaume croulant qui s'étoile le soir ;
Ses sœurs sont au logis et filent leur quenouille ;
Elle essuie aux roseaux ses pieds que l'étang mouille ;
Chèvres, brebis, béliers paissent ; quand, sombre esprit,
J'apparais, le pauvre ange a peur et me sourit ;
Et, moi, je la salue, — elle étant l'innocence.
Ses agneaux, dans le pré plein de fleurs qui l'encense,
Bondissent, et chacun, au soleil s'empourprant,
Laisse aux buissons, à qui la bise le reprend,
Un peu de sa toison, comme un flocon d'écume.
Je passe ; enfant, troupeau s'effacent dans la brume ;
Le crépuscule étend sur les longs sillons gris
Ses ailes de fantôme et de chauve-souris ;
J'entends encore au loin dans la plaine ouvrière
Chanter derrière moi la douce chevrière. . .

. . . .

Jersey, Grouville, avril 1855.

VIII

MOISE SUR LE NIL.

« Mes sœurs, l'onde est plus fraîche aux premiers feux du Jour !
Venez : le moissonneur repose en son séjour ;

La rive est solitaire encore ;
Memphis élève à peine un murmure confus ;
Et nos chastes plaisirs, sous ces bosquets touffus,
N'ont d'autre témoin que l'aurore.

« Au palais de mon père on voit briller les arts :
Mais ces bords pleins de fleurs charment plus mes regards
Qu'un bassin d'or ou de porphyre ;
Ces chants aériens sont mes concerts chéris ;
Je préfère aux parfums qu'on brûle en nos lambris
Le souffle embaumé du zéphyre !

« Venez ! l'onde est si calme et le ciel est si pur !
Laissez sur ces buissons flotter les plis d'azur
De vos ceintures transparentes,
Détachez ma couronne et ces voiles jaloux,
Car je veux aujourd'hui folâtrer avec vous,
Au sein des vagues murmurantes.

« Hâtons-nous... Mais parmi les brouillards du matin,
Que vois-je ? — Regardez à l'horizon lointain...

« Ne craignez rien, filles timides!
C'est sans doute, par l'onde entraîné vers les mers,
Le tronc d'un vieux palmier qui, du fond des déserts.
Vient visiter les Pyramides.

« Que dis-je! si j'en crois mes regards indécis,
C'est la barque d'Hermès ou la conque d'Isis,
Que pousse une brise légère.
Mais non : c'est un esquif où, dans un doux repos,
J'aperçois un enfant qui dort au sein des flots,
Comme on dort au sein de sa mère!

« Il sommeille; et, de loin, à voir son lit flottant,
On croirait voir voguer sur le fleuve inconstant
Le nid d'une blanche colombe.
Dans sa couche enfantine, il erre au gré du vent;
L'eau le balance, il dort, et le gouffre mouvant
Semble le bercer dans sa tombe!

« Il s'éveille; accourez, ô vierges de Memphis!
Il crie... Ah! quelle mère a pu livrer son fils

Au caprice des flots mobiles?
Il tend les bras; les eaux grondent de toute part.
Hélas! contre la mort il n'a d'autre rempart
Qu'un berceau de roseaux fragiles.

« Sauvons-le... — C'est peut-être un enfant d'Israël.
Mon père les proscrit: mon père est bien cruel
De proscrire ainsi l'innocence!
Faible enfant! ses malheurs ont ému mon amour,
Je veux être sa mère : il me devra le jour,
S'il ne me doit pas la naissance. »

Ainsi parlait Iphis, l'espoir d'un roi puissant,
Alors qu'aux bords du Nil son cortége innocent
Suivait sa course vagabonde;
Et ces jeunes beautés qu'elle effaçait encor,
Quand la fille des rois quittait ses voiles d'or,
Croyaient voir la fille de l'onde.

Sous ses pieds délicats déjà le flot frémit.
Tremblante, la pitié, vers l'enfant qui gémit,

La guide en sa marche craintive;
Elle a saisi l'esquif! fière de ce doux poids,
L'orgueil sur son beau front, pour la première fois,
Se mêle à la pudeur naïve!

Bientôt, divisant l'onde et brisant les roseaux,
Elle apporte à pas lents l'enfant sauvé des eaux
Sur le bord de l'arène humide;
Et ses sœurs tour à tour, au front du nouveau-né,
Offrant leur doux sourire à son œil étonné,
Déposaient un baiser timide!

Accours, toi qui, de loin, dans un doute cruel,
Suivais des yeux ton fils sur qui veillait le ciel;
Viens ici comme une étrangère;
Ne crains rien : en pressant Moïse entre tes bras,
Tes pleurs et tes transports ne te trahiront pas,
Car Iphis n'est pas encor mère!

Alors, tandis qu'heureuse et d'un pas triomphant,
La vierge, au roi farouche, amenait l'humble enfant,

Baigné des larmes maternelles,
On entendait en chœur, dans les cieux étoilés,
Des anges, devant Dieu, de leurs ailes voilés,
Chanter les lyres éternelles.

« Ne gémis plus, Jacob, sur la terre d'exil;
Ne mêle plus tes pleurs aux flots impurs du Nil :
Le Jourdain va t'ouvrir ses rives.
Le jour enfin approche où vers les champs promis
Gessen verra s'enfuir, malgré leurs ennemis,
Les tribus si longtemps captives.

« Sous les traits d'un enfant délaissé sur les flots,
C'est l'élu du Sina, c'est le roi des fléaux,
Qu'une vierge sauve de l'onde.
Mortels, vous dont l'orgueil méconnaît l'Éternel,
Fléchissez : un berceau va sauver Israël,
Un berceau doit sauver le monde ! »

Février 1820.

IX

Dans l'alcôve sombre,
Près d'un humble autel,
L'enfant dort à l'ombre
Du lit maternel.
Tandis qu'il repose,
Sa paupière rose,
Pour la terre close,
S'ouvre pour le ciel.

Il fait bien des rêves.
Il voit par moments
Le sable des grèves
Plein de diamants,
Des soleils de flammes,
Et de belles dames
Qui portent des âmes
Dans leurs bras charmants.

Songe qui l'enchante!
Il voit des ruisseaux.
Une voix qui chante
Sort du fond des eaux.
Ses sœurs sont plus belles.
Son père est près d'elles.
Sa mère a des ailes
Comme les oiseaux.

Il voit mille choses
Plus belles encor;
Des lis et des roses
Plein le corridor;

Des lacs de délice
Où le poisson glisse,
Où l'onde se plisse
A des roseaux d'or!

Enfant, rêve encore!
Dors, ô mes amours!
Ta jeune âme ignore
Où s'en vont tes jours.
Comme une algue morte
Tu vas, que t'importe!
Le courant t'emporte,
Mais tu dors toujours!

Sans soin, sans étude,
Tu dors en chemin;
Et l'inquiétude
A la froide main,
De son ongle aride,
Sur ton front candide
Qui n'a point de ride,
N'écrit pas: « Demain! »

Il dort, innocence!
Les anges sereins
Qui savent d'avance
Le sort des humains,
Le voyant sans armes,
Sans peur, sans alarmes,
Baisent avec larmes
Ses petites mains.

Leurs lèvres effleurent
Ses lèvres de miel.
L'enfant voit qu'ils pleurent
Et dit : « Gabriel! »
Mais l'ange le touche,
Et, berçant sa couche,
Un doigt sur sa bouche,
Lève l'autre au ciel!

Cependant sa mère,
Prompte à le bercer,
Croit qu'une chimère
Le vient oppresser;

Fière, elle l'admire,
L'entend qui soupire,
Et le fait sourire
Avec un baiser.

Novembre 1831.

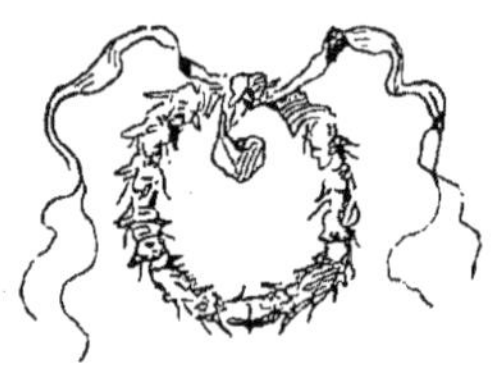

X

Laissez! Tous ces enfants sont bien là. — Qui vous dit
Que la bulle d'azur que mon souffle agrandit
A leur souffle indiscret s'écroule?
Qui vous dit que leurs voix, leurs pas, leurs jeux, leurs cris

Effarouchent la muse et chassent les péris ?... —
Venez, enfants, venez en foule !

Venez autour de moi ; riez, chantez, courez !
Votre œil me jettera quelques rayons dorés,
Votre voix charmera mes heures.
C'est la seule en ce monde, où rien ne nous sourit,
Qui vienne du dehors sans troubler dans l'esprit
Le chœur des voix intérieures !

Fâcheux ! qui les vouliez écarter ! — Croyez-vous
Que notre cœur n'est pas plus serein et plus doux
Au sortir de leurs jeunes rondes ?
Croyez-vous que j'ai peur quand je vois, au milieu
De mes rêves rougis ou de sang ou de feu,
Passer toutes ces têtes blondes ?

La vie est-elle donc si charmante à vos yeux,
Qu'il faille préférer à tout ce bruit joyeux
Une maison vide et muette ?
N'ôtez pas, la pitié même vous le défend,

Un rayon de soleil, un sourire d'enfant
Au ciel sombre, au cœur du poëte !

« Mais ils s'effaceront, à leurs bruyants ébats,
Ces mots sacrés que dit une muse tout bas,
Ces chants purs où l'âme se noie !... »
Et que m'importe, à moi, muse, chants, vanité,
Votre gloire perdue et l'immortalité,
Si j'y gagne une heure de joie !

La belle ambition et le rare destin !
Chanter ! toujours chanter pour un écho lointain !
Pour un vain bruit qui passe et tombe !
Vivre abreuvé de fiel, d'amertume et d'ennuis !
Expier dans ses jours les rêves de ses nuits !
Faire un avenir à sa tombe !

Oh ! que j'aime bien mieux ma joie et mon plaisir,
Et toute ma famille avec tout mon loisir,
Dût la gloire ingrate et frivole,
Dussent mes vers, troublés de ces ris familiers,

S'enfuir, comme devant un essaim d'écoliers
Une troupe d'oiseaux s'envole !

Mais non. Au milieu d'eux rien ne s'évanouit.
L'orientale d'or plus riche épanouit
Ses fleurs peintes et ciselées ;
La ballade est plus fraîche, et dans le ciel grondant
L'ode ne pousse pas d'un souffle moins ardent
Le groupe des strophes ailées !

Je les vois reverdir dans les jeux éclatants,
Mes hymnes parfumés comme un chant de printemps.
O vous ! dont l'âme est épuisée,
O mes amis ! l'enfance aux riantes couleurs
Donne la poésie à nos vers, comme aux fleurs
L'aurore donne la rosée !

Venez, enfants ! — A vous jardins, cours, escaliers !
Ébranlez et planchers, et plafonds, et piliers !
Que le jour s'achève ou renaisse,
Courez et bourdonnez comme l'abeille aux champs !

Ma joie et mon bonheur et mon âme et mes chants
Iront où vous irez, jeunesse!

Il est pour les cœurs sourds aux vulgaires clameurs
D'harmonieuses voix, des accords, des rumeurs
Qu'on n'entend que dans les retraites,
Notes d'un grand concert interrompu souvent,
Vents, flots, feuilles des bois, bruits dont l'âme en rêvant
Se fait des musiques secrètes!

Moi, quel que soit le monde, et l'homme, et l'avenir,
Soit qu'il faille oublier ou se ressouvenir,
Que Dieu m'afflige ou me console,
Je ne veux habiter la cité des vivants
Que dans une maison qu'une rumeur d'enfants
Fasse toujours vivante et folle.

De même, si jamais enfin je vous revois,
Beau pays, dont la langue est faite pour ma voix.
Dont mes yeux aimaient les campagnes.
Bords où mes pas enfants suivaient Napoléon,

Fortes villes du Cid! ô Valence, ô Léon,
Castille, Aragon, mes Espagnes!

Je ne veux traverser vos plaines, vos cités,
Franchir vos ponts d'une arche entre deux monts jetés,
Voir vos palais romains ou mores,
Votre Guadalquivir qui serpente et s'enfuit,
Que dans ces chars dorés qu'emplissent de leur bruit
Les grelots des mules sonores!

Mars 1830.

XI

A DES OISEAUX ENVOLÉS.

Enfants ! oh ! revenez ! — Tout à l'heure, imprudent,
Je vous ai de ma chambre exilés en grondant,
Rauque et tout hérissé de paroles moroses.
Et qu'aviez-vous donc fait, bandits aux lèvres roses ?
Quel crime ? quel exploit ? quel forfait insensé ?
Quel vase du Japon en mille éclats brisé ?
Quel vieux portrait crevé ? quel beau missel gothique
Enrichi par vos mains d'un dessin fantastique ?

Non, rien de tout cela. Vous aviez seulement,
Ce matin, restés seuls dans ma chambre un moment,
Pris, parmi ces papiers que mon esprit colore,
Quelques vers, groupe informe, embryons près d'éclore,
Puis vous les aviez mis, prompts à vous accorder,
Dans le feu, pour jouer, pour voir, pour regarder
Dans une cendre noire errer des étincelles,
Comme brillent sur l'eau de nocturnes nacelles,
Ou commė, de fenêtre en fenêtre, on peut voir
Des lumières courir dans les maisons le soir.
Voilà tout. Vous jouiez et vous croyiez bien faire.

Belle perte, en effet! beau sujet de colère!
Une strophe mal née au doux bruit de vos jeux,
Qui remuait les mots d'un vol trop orageux!
Une ode qui chargeait d'une rime gonflée
Sa stance paresseuse en marchant essoufflée!
De lourds alexandrins l'un sur l'autre enjambant
Comme des écoliers qui sortent de leur banc!
Un autre eût dit : « Merci! vous ôtez une proie
Au feuilleton méchant, qui bondissait de joie
Et d'avance poussait des rires infernaux
Dans l'antre qu'il se creuse au bas des grands journaux. »

Moi, je vous ai grondés. Tort grave et ridicule!
Nains charmants que n'eût pas voulu fâcher Hercule,
Moi, je vous ai fait peur. J'ai, rêveur triste et dur,
Reculé brusquement ma chaise jusqu'au mur,
Et, vous jetant ces noms dont l'envieux vous nomme
J'ai dit : « Allez-vous-en! laissez-moi seul! » Pauvre homme!
Seul! le beau résultat! le beau triomphe! seul!
Comme on oublie un mort roulé dans son linceul,
Vous m'avez laissé là, l'œil fixé sur ma porte,
Hautain, grave et puni. — Mais vous, que vous importe!
Vous avez retrouvé dehors la liberté,
Le grand air, le beau parc, le gazon souhaité,
L'eau courante où l'on jette une herbe à l'aventure,
Le ciel bleu, le printemps, la sereine nature,
Ce livre des oiseaux et des bohémiens,
Ce poëme de Dieu qui vaut mieux que les miens,
Où l'enfant peut cueillir la fleur, strophe vivante,
Sans qu'une grosse voix tout à coup l'épouvante!
Moi, je suis resté seul, toute joie ayant fui,
Seul avec ce pédant qu'on appelle l'ennui.
Car, depuis le matin, assis dans l'antichambre,
Ce docteur né dans Londre, un dimanche, en décembre,
Qui ne vous aime pas, ô mes pauvres petits!

Attendait pour entrer que vous fussiez sortis.
Dans l'angle où vous jouiez, il est là qui soupire ;
Et je le vois bâiller, moi qui vous voyais rire !

Que faire? lire un livre? Oh! non. Dicter des vers?
A quoi bon? — Émaux bleus ou blancs, céladons verts,
Sphère qui fait tourner tout le ciel sur son axe,
Les beaux insectes peints sur mes tasses de Saxe,
Tout m'ennuie, et je pense à vous. En vérité,
Vous partis, j'ai perdu le soleil, la gaîté,
Le bruit joyeux qui fait qu'on rêve, le délire
De voir le tout petit s'aider du doigt pour lire,
Les fronts pleins de candeur qui disent toujours oui,
L'éclat de rire franc, sincère, épanoui,
Qui met subitement des perles sur les lèvres,
Les beaux grands yeux naïfs admirant mon vieux sèvres,
La curiosité qui cherche à tout savoir,
Et les coudes qu'on pousse en disant : « Viens donc voir ! »
Oh! certes, les esprits, les sylphes et les fées
Que le vent dans ma chambre apporte par bouffées,
Les gnomes accroupis là-haut, près du plafond,
Dans les angles obscurs que mes vieux livres font,
Les lutins familiers, nains à la longue échine,

Qui parlent dans les coins à mes vases de Chine,
Tout l'invisible essaim de ces démons joyeux
A dû rire aux éclats, quand là, devant mes yeux,
Ils vous ont vus saisir dans la boîte aux ébauches
Ces hexamètres nus, boiteux, difformes, gauches,
Les traîner au grand jour, pauvres hiboux fâchés,
Et puis, battant des mains, autour du feu penchés,
De tous ces corps hideux soudain tirant une âme,
Avec ces vers si laids faire une belle flamme !

Espiègles radieux que j'ai fait envoler,
Oh ! revenez ici chanter, danser, parler,
Tantôt, groupe folâtre, ouvrir un gros volume,
Tantôt courir, pousser mon bras qui tient ma plume,
Et faire dans le vers que je viens retoucher
Saillir soudain un angle aigu comme un clocher
Qui perce tout à coup un horizon de plaines.
Mon âme se réchauffe à vos douces haleines ;
Revenez près de moi, souriant de plaisir,
Bruire et gazouiller, et, sans peur, obscurcir
Le vieux livre où je lis de vos ombres penchées,
Folles têtes d'enfants ! gaîtés effarouchées !
J'en conviens, j'avais tort et vous aviez raison.

Mais qui n'a quelquefois grondé hors de saison?
Il faut être indulgent, nous avons nos misères.
Les petits pour les grands ont tort d'être sévères.
Enfants! chaque matin, votre âme avec amour
S'ouvre à la joie ainsi que la fenêtre au jour.
Beau miracle vraiment, que l'enfant, gai sans cesse,
Ayant tout le bonheur, ait toute la sagesse!
Le destin vous caresse en vos commencements;
Vous n'avez qu'à jouer, et vous êtes charmants.
Mais nous, nous qui pensons, nous qui vivons, nous sommes
Hargneux, tristes, mauvais, ô mes chers petits hommes!
On a ses jours d'humeur, de déraison, d'ennui.
Il pleuvait ce matin. Il fait froid aujourd'hui.
Un nuage mal fait dans le ciel tout à l'heure
A passé. Que nous veut cette cloche qui pleure?
Puis on a dans le cœur quelque remords. Voilà
Ce qui nous rend méchants. Vous saurez tout cela,
Quand l'âge à votre tour ternira vos visages,
Quand vous serez plus grands, c'est-à-dire moins sages.

J'ai donc eu tort. C'est dit. Mais c'est assez punir,
Mais il faut pardonner, mais il faut revenir.
Voyons, faisons la paix, je vous prie à mains jointes.

Tenez, crayons, papiers, mon vieux compas sans pointes,
Mes laques et mes grès, qu'une vitre défend,
Tous ces hochets de l'homme enviés par l'enfant,
Mes gros Chinois ventrus faits comme des concombres,
Mon vieux tableau, trouvé sous d'antiques décombres,
Je vous livrerai tout, vous toucherez à tout!
Vous pourrez sur ma table être assis ou debout,
Et chanter, et traîner, sans que je me récrie,
Mon grand fauteuil de chêne et de tapisserie,
Et sur mon banc sculpté jeter tous à la fois
Vos jouets anguleux qui déchirent le bois!
Je vous laisserai même, et gaîment, et sans crainte,
O prodige, en vos mains tenir ma Bible peinte,
Que vous n'avez touchée encor qu'avec terreur,
Où l'on voit Dieu le Père en habit d'empereur!

Et puis brûlez les vers dont ma table est semée,
Si vous tenez à voir ce qu'ils font de fumée!
Brûlez ou déchirez! . . . .
. . . . Toute ma poésie,
C'est vous, et mon esprit suit votre fantaisie.
Vous êtes les reflets et les rayonnements
Dont j'éclaire mon vers, si sombre par moments.

Enfants, vous dont la vie est faite d'espérance,
Enfants, vous dont la joie est faite d'ignorance,
Vous n'avez pas souffert, et vous ne savez pas,
Quand la pensée en nous a marché pas à pas,
Sur le poëte morne et fatigué d'écrire,
Quelle douce chaleur répand votre sourire,
Combien il a besoin, quand sa tête se rompt,
De la sérénité qui luit sur votre front;
Et quel enchantement l'enivre et le fascine,
Quand le charmant hasard de quelque cour voisine,
Où vous vous ébattez sur un arbre penchant,
Mêle vos joyeux cris à son douloureux chant!

Revenez donc, hélas! revenez dans mon ombre,
Si vous ne voulez pas que je sois triste et sombre,
Pareil, dans l'abandon où vous m'avez laissé,
Au pêcheur d'Étretat, d'un long hiver lassé,
Qui médite appuyé sur son coude, et s ennuie
De voir à sa fenêtre un ciel rayé de pluie.

Avril 1857.

XII

A quoi je songe? — Hélas! loin du toit où vous êtes,
Enfants, je songe à vous! à vous, mes jeunes têtes,
Espoir de mon été déjà penchant et mûr,
Rameaux dont, tous les ans, l'ombre croît sur mon mur,
Douces âmes à peine au jour épanouies,
Des rayons de votre aube encor tout éblouies!

Je songe aux deux petits qui pleurent en riant,
Et qui font gazouiller sur le seuil verdoyant,
Comme deux jeunes fleurs qui se heurtent entre elles,
Leurs jeux charmants mêlés de charmantes querelles!
Et puis, père inquiet, je rêve aux deux aînés,
Qui s'avancent déjà de plus de flots baignés,
Laissant pencher parfois leur tête encor naïve,
L'un déjà curieux, l'autre déjà pensive!

Seul et triste au milieu des chants des matelots,
Le soir, sous la falaise, à cette heure où les flots,
S'ouvrant et se fermant comme autant de narines.
Mêlent au vent des cieux mille haleines marines.
Où l'on entend dans l'air d'ineffables échos
Qui viennent de la terre ou qui viennent des eaux,
Ainsi je songe! — à vous, enfants, maison, famille,
A la table qui rit, au foyer qui petille,
A tous les soins pieux que répandent sur vous
Votre mère si tendre et votre aïeul si doux;
Et, tandis qu'à mes pieds s'étend, couvert de voiles.
Le limpide Océan, ce miroir des étoiles,
Tandis que les nochers laissent errer leurs yeux
De l'infini des mers à l'infini des cieux,

Moi, rêvant à vous seuls, je contemple et je sonde
L'amour que j'ai pour vous dans mon âme profonde,
Amour doux et puissant qui toujours m'est resté,
Et cette grande mer est petite à côté!

Saint-Valery-en-Caux.
Écrit au bord de la mer. — Juillet 1836.

XIII

LA VIE AUX CHAMPS.

Le soir, à la campagne, on sort, on se promène,
Le pauvre dans son champ, le riche en son domaine;
Moi, je vais devant moi; le poëte en tout lieu
Se sent chez lui, sentant qu'il est partout chez Dieu.
Je vais volontiers seul. Je médite ou j'écoute.
Pourtant, si quelqu'un veut m'accompagner en route,
J'accepte. Chacun a quelque chose en l'esprit;
Et tout homme est un livre où Dieu lui-même écrit.
Chaque fois qu'en mes mains un de ces livres tombe,
Volume où vit une âme et que scelle la tombe,
J'y lis.

Chaque soir donc, je m'en vais, j'ai congé,
Je sors, j'entre en passant chez des amis que j'ai.
On prend le frais, au fond du jardin, en famille.
Le serein mouille un peu les bancs sous la charmille,
N'importe : je m'assieds, et je ne sais pourquoi
Tous les petits enfants viennent autour de moi.
Dès que je suis assis, les voilà tous qui viennent.
C'est qu'ils savent que j'ai leurs goûts; ils se souviennent
Que j'aime comme eux l'air, les fleurs, les papillons
Et les bêtes qu'on voit courir dans les sillons.
Ils savent que je suis un homme qui les aime,
Un être auprès duquel on peut jouer, et même
Crier, faire du bruit, parler à haute voix;
Que je riais comme eux et plus qu'eux autrefois,
Et qu'aujourd'hui, sitôt qu'à leurs ébats j'assiste,
Je leur souris encor, bien que je sois plus triste;
Ils disent, doux amis, que je ne sais jamais
Me fâcher; qu'on s'amuse avec moi; que je fais
Des choses en carton, des dessins à la plume;
Que je raconte, à l'heure où la lampe s'allume,
Oh! des contes charmants qui vous font peur la nuit;
Et qu'enfin je suis doux, pas fier et fort instruit.
Aussi, dès qu'on m'a vu : « Le voilà! » tous accourent.

Ils quittent jeux, cerceaux et balles ; ils m'entourent
Avec leurs beaux grands yeux d'enfants, sans peur, sans fiel.
Qui semblent toujours bleus, tant on y voit le ciel !

Les petits — quand on est petit on est très-brave, —
Grimpent sur mes genoux ; les grands ont un air grave :
Ils m'apportent des nids de merles qu'ils ont pris,
Des albums, des crayons qui viennent de Paris ;
On me consulte, on a cent choses à me dire,
On parle, on cause, on rit surtout ; — j'aime le rire.
Non le rire ironique aux sarcasmes moqueurs,
Mais le doux rire honnête ouvrant bouches et cœurs,
Qui montre en même temps des âmes et des perles. —
J'admire les crayons, l'album, les nids de merles ;
Et quelquefois on dit, quand j'ai bien admiré :
« Il est du même avis que monsieur le curé. »
Puis, lorsqu'ils ont jasé tous ensemble à leur aise,
Ils font soudain, les grands s'appuyant à ma chaise.
Et les petits toujours groupés sur mes genoux,
Un silence, et cela veut dire : « Parle-nous. »
Je leur parle de tout. Mes discours en eux sèment
Ou l'idée ou le fait. Comme ils m'aiment, ils aiment
Tout ce que je leur dis. Je leur montre du doigt

Le ciel, Dieu qui s'y cache, et l'astre qu'on y voit.
Tout, jusqu'à leur regard, m'écoute, je dis comme
Il faut penser, rêver, chercher. Dieu bénit l'homme,
Non pour avoir trouvé, mais pour avoir cherché.
Je dis : « Donnez l'aumône au pauvre humble et penché;
Recevez doucement la leçon ou le blâme.
Donner et recevoir, c'est faire vivre l'âme!
Je leur compte la vie, et que, dans nos douleurs,
Il faut que la bonté soit au fond de nos pleurs,
Et que, dans nos bonheurs, et que, dans nos délires,
Il faut que la bonté soit au fond de nos rires;
Qu'être bon, c'est bien vivre, et que l'adversité
Peut tout chasser d'une âme, excepté la bonté!

. . . .

La Terrasse, août 1840.

XIV

A MADEMOISELLE FANNY DE P...

O vous que votre âge défend,
Riez! tout vous caresse encore.
Jouez! chantez! soyez l'enfant!
Soyez la fleur! soyez l'aurore!

Quant au destin, n'y songez pas;
Le ciel est noir, la vie est sombre.
Hélas! que fait l'homme ici-bas?
Un peu de bruit dans beaucoup d'ombre.

Le sort est dur, nous le voyons.
Enfant, souvent l'œil plein de charmes
Qui jette le plus de rayons
Répand aussi le plus de larmes.

Vous que rien ne vient éprouver.
Vous avez tout! joie et délire,
L'innocence qui fait rêver,
L'ignorance qui fait sourire.

Vous avez, lis sauvé des vents,
Cœur occupé d'humbles chimères,
Ce calme bonheur des enfants,
Pur reflet du bonheur des mères.

Votre candeur vous embellit.
Je préfère à toute autre flamme
Votre prunelle que remplit
La clarté qui sort de votre âme.

Pour vous ni soucis ni douleurs.
La famille vous idolâtre.

L'été vous courez dans les fleurs;
L'hiver, vous jouez près de l'âtre.

La poésie, esprit des cieux,
Près de vous, enfant, s'est posée ;
Votre mère l'a dans ses yeux,
Votre père dans sa pensée.

Profitez de ce temps si doux !
Vivez! — La joie est vite absente ;
Et les plus sombres d'entre nous
Ont eu leur aube éblouissante.

Comme on prie avant de partir,
Laissez-moi vous bénir, jeune âme, —
Ange qui serez un martyr,
Enfant qui serez une femme !

Février 1849.

XV

. . . .

Toujours ce qui là-bas vole au gré du zéphyr
Avec des ailes d'or, de pourpre et de saphir,
Nous fait courir et nous devance;
Mais adieu l'aile d'or, pourpre, émail, vermillon,
Quand l'enfant a saisi le frêle papillon,
Quand l'homme a pris son espérance!

. . . .

Mai 1830.

LES JEUNES FILLES

LES JEUNES FILLES
II

XVI

A UNE JEUNE FILLE.

Vous qui ne savez pas combien l'enfance est belle,
Enfant! n'enviez point notre âge de douleurs,
Où le cœur tour à tour est esclave et rebelle,
Où le rire est souvent plus triste que vos pleurs.

Votre âge insouciant est si doux, qu'on l'oublie!
Il passe comme un souffle au vaste champ des airs,
Comme une voix joyeuse en fuyant affaiblie,
Comme un alcyon sur les mers.

Oh ! ne vous hâtez point de mûrir vos pensées !
Jouissez du matin, jouissez du printemps ;
Vos heures sont des fleurs l'une à l'autre enlacées ;
Ne les effeuillez pas plus vite que le temps.

Laissez venir les ans ! le destin vous dévoue,
Comme nous, aux regrets, à la fausse amitié,
A ces mots sans espoir que l'orgueil désavoue,
A ces plaisirs qui font pitié !

Riez pourtant ! du sort ignorez la puissance ;
Riez ! n'attristez pas votre front gracieux,
Votre œil d'azur, miroir de paix et d'innocence,
Qui révèle votre âme et réfléchit les cieux !

Février 1825.

XVII

A L.

Toute espérance, enfant, est un roseau.
Dieu dans ses mains tient nos jours, ma colombe;
Il les dévide à son fatal fuseau,
Puis le fil casse et notre joie en tombe;
Car dans tout berceau
Il germe une tombe.

Jadis, vois-tu, l'avenir, pur rayon,
Apparaissait à mon âme éblouie,

Ciel avec l'astre, onde avec l'alcyon,
Fleur lumineuse à l'ombre épanouie.
Cette vision
S'est évanouie ;

Si, près de toi, quelqu'un pleure en rêvant,
Laisse pleurer sans en chercher la cause.
Pleurer est doux, pleurer est bon souvent
Pour l'homme, hélas ! sur qui le sort se pose.
Toute larme, enfant,
Lave quelque chose.

Juin 1839.

XVIII

LA PRIÈRE POUR TOUS.

Ma fille ! va prier, — Vois, la nuit est venue.
Une planète d'or là-bas perce la nue ;

La brume des coteaux fait trembler le contour ;
A peine un char lointain glisse dans l'ombre... Écoute !
Tout rentre et se repose; et l'arbre de la route
Secoue au vent du soir la poussière du jour !

Le crépuscule, ouvrant la nuit qui les recèle,
Fait jaillir chaque étoile en ardente étincelle ;
L'occident amincit sa frange de carmin ;
La nuit de l'eau dans l'ombre argente la surface ;
Sillons, sentiers, buissons, tout se mêle, s'efface ;
Le passant inquiet doute de son chemin.

Le jour est pour le mal, la fatigue et la haine.
Prions : voici la nuit ! la nuit grave et sereine !
Le vieux pâtre, le vent aux brèches de la tour,
Les étangs, les troupeaux, avec leur voix cassée,
Tout souffre et tout se plaint. La nature lassée
A besoin de sommeil, de prière et d'amour !

C'est l'heure où les enfants parlent avec les anges.
Tandis que nous courons à nos plaisirs étranges,
Tous les petits enfants, les yeux levés au ciel,
Mains jointes et pieds nus, à genoux sur la pierre,

Disant à la même heure une même prière,
Demandent pour nous grâce au père universel!

Et puis ils dormiront. — Alors, épars dans l'ombre,
Les rêves d'or, essaim tumultueux, sans nombre,
Qui naît aux derniers bruits du jour à son déclin,
Voyant de loin leur souffle et leurs bouches vermeilles,
Comme volent aux fleurs de joyeuses abeilles,
Viendront s'abattre en foule à leurs rideaux de lin!

O sommeil du berceau! prière de l'enfance!
Voix qui toujours caresse et qui jamais n'offense!
Douce religion qui s'égaie et qui rit!
Prélude du concert de la nuit solennelle!
Ainsi que l'oiseau met sa tête sous son aile,
L'enfant dans la prière endort son jeune esprit!

*

Ma fille, va prier! — D'abord, surtout, pour celle
Qui berça tant de nuits ta couche qui chancelle,

Pour celle qui te prit jeune âme dans le ciel,
Et qui te mit au monde, et depuis, tendre mère,
Faisant pour toi deux parts dans cette vie amère,
Toujours a bu l'absinthe et t'a laissé le miel!

Puis ensuite pour moi! j'en ai plus besoin qu'elle!
Elle est, ainsi que toi, bonne, simple et fidèle!
Elle a le front limpide et le cœur satisfait.
Beaucoup ont sa pitié; nul ne lui fait envie;
Sage et douce, elle prend patiemment la vie;
Elle souffre le mal sans savoir qui le fait.

Tout en cueillant des fleurs, jamais sa main novice
N'a touché seulement à l'écorce du vice;
Nul piége ne l'attire à son riant tableau;
Elle est pleine d'oubli pour les choses passées;
Elle ne connaît pas les mauvaises pensées
Qui passent dans l'esprit comme une ombre sur l'eau.

Elle ignore, — à jamais ignore-les comme elle! —
Ces misères du monde où notre âme se mêle,
Faux plaisirs, vanités, remords, soucis rongeurs,
Passions sur le cœur flottant comme une écume,

Intimes souvenirs de honte et d'amertume
Qui font monter au front de subites rougeurs!

Moi, je sais mieux la vie; et je pourrai te dire,
Quand tu seras plus grande et qu'il faudra t'instruire,
Que poursuivre l'empire, et la fortune, et l'art,
C'est folie et néant; que l'urne aléatoire
Nous jette bien souvent la honte pour la gloire,
Et que l'on perd son âme à ce jeu de hasard!

L'âme en vivant s'altère; et, quoique en toute chose
La fin soit transparente et laisse voir la cause,
On vieillit sous le vice et l'erreur abattu;
A force de marcher, l'homme erre, l'esprit doute.
Tous laissent quelque chose aux buissons de la route,
Les troupeaux leur toison, et l'homme sa vertu!

Va donc prier pour moi! — Dis pour toute prière :
« Seigneur, Seigneur mon Dieu! vous êtes notre père,
Grâce, vous êtes bon! grâce, vous êtes grand! »
Laisse aller ta parole où ton âme l'envoie;
Ne t'inquiète pas, toute chose a sa voie,
Ne t'inquiète pas du chemin qu'elle prend!

Il n'est rien ici-bas qui ne trouve sa pente.
Le fleuve jusqu'aux mers dans les plaines serpente;
L'abeille sait la fleur qui recèle le miel.
Toute aile vers son but incessamment retombe :
L'aigle vole au soleil, le vautour à la tombe,
L'hirondelle au printemps et la prière au ciel!

Lorsque pour moi vers Dieu ta voix s'est envolée,
Je suis comme l'esclave, assis dans la vallée,
Qui dépose sa charge aux bornes du chemin;
Je me sens plus léger; car ce fardeau de peine,
De fautes et d'erreurs qu'en gémissant je traîne,
La prière en chantant l'emporte dans sa main!

Va prier pour ton père! — Afin que je sois digne
De voir passer en rêve un ange au vol de cygne,
Pour que mon âme brûle avec les encensoirs!
Efface mes péchés sous ton souffle candide,
Afin que mon cœur soit innocent et splendide
Comme un pavé d'autel qu'on lave tous les soirs!

. . . .

*

Ce n'est pas à moi, ma colombe,
De prier pour tous les mortels,
Pour les vivants dont la foi tombe,
Pour tous ceux qu'enferme la tombe,
Cette racine des autels!

Ce n'est pas moi dont l'âme est vaine,
Pleine d'erreurs, vide de foi,
Qui prîrais pour la race humaine,
Puisque ma voix suffit à peine,
Seigneur, à vous prier pour moi!

Non, si pour la terre méchante
Quelqu'un peut prier aujourd'hui,
C'est toi dont la parole chante,
C'est toi! ta prière innocente,
Enfant, peut se charger d'autrui!

Ah! demande à ce Père auguste
Qui sourit à ton oraison

Pourquoi l'arbre étouffe l'arbuste,
Et qui fait du juste à l'injuste
Chanceler l'humaine raison?

Demande-lui si la sagesse
N'appartient qu'à l'éternité?
Pourquoi son souffle nous abaisse?
Pourquoi dans la tombe sans cesse
Il effeuille l'humanité?

Pour ceux que les vices consument,
Les enfants veillent au saint lieu;
Ce sont des fleurs qui le parfument,
Ce sont des encensoirs qui fument,
Ce sont des voix qui vont à Dieu!

Laissons faire ces voix sublimes.
Laissons les enfants à genoux.
Pécheurs, nous avons tous nos crimes.
Nous penchons tous sur les abîmes.
L'enfance doit prier pour tous!

. . . .

*

Quand elle prie, un ange est debout auprès d'elle,
Caressant ses cheveux des plumes de son aile,
En essuyant les pleurs dont son œil est terni,
Venu pour l'écouter sans que l'enfant l'appelle,
Esprit qui tient le livre où l'innocente épèle,
Et qui pour remonter attend qu'elle ait fini.

Son beau front incliné semble un vase qu'il penche
Pour recevoir les flots de ce cœur qui s'épanche;
Il prend tout, pleurs d'amour et soupirs de douleur;
Sans changer de nature, il s'emplit de cette âme,
Comme le pur cristal que notre soif réclame
S'emplit d'eau jusqu'aux bords sans changer de couleur.

Ah! c'est pour le Seigneur sans doute qu'il recueille
Ces larmes goutte à goutte et ce lis feuille à feuille!
Et puis il reviendra se ranger au saint lieu,
Tenant prêts ces soupirs, ces parfums, cette haleine,
Pour étancher le soir, comme une coupe pleine,
Ce grand besoin d'amour, la seule soif de Dieu!

Enfant! dans ce concert qui d'en bas le salue,
La voix par Dieu lui-même entre toutes élue,
C'est la tienne, ô ma fille! elle a tant de douceur,
Sur des ailes de flamme elle monte si pure,
Elle expire si bien en amoureux murmure
Que les vierges du ciel disent : c'est une sœur !

*

Oh! bien loin de la voie
Où marche le pécheur,
Chemine où Dieu t'envoie!
Enfant ! garde ta joie!
Lis! garde ta blancheur!

Sois humble! que t'importe
Le riche et le puissant!
Un souffle les emporte.
La force la plus forte
C'est un cœur innocent!

Bien souvent Dieu repousse
Du pied les hautes tours;
Mais dans le nid de mousse
Où chante une voix douce
Il regarde toujours!

Reste à la solitude!
Reste à la pauvreté!
Vis sans inquiétude!
Et ne te fais étude
Que de l'éternité!

Il est, loin de nos villes
Et loin de nos douleurs,
Des lacs purs et tranquilles
Et dont toutes les îles
Sont des bouquets de fleurs!

Flots d'azur où l'on aime
A laver ses remords!
D'un charme si suprême
Que l'incrédule même
S'agenouille à leurs bords!

L'ombre qui les inonde
Calme et nous rend meilleurs;
Leur paix est si profonde
Que jamais à leur onde
On n'a mêlé de pleurs!

Et le jour, que leur plaine
Reflète éblouissant,
Trouve l'eau si sereine
Qu'il y hasarde à peine
Un nuage en passant!

Ces lacs que rien n'altère,
Entre des monts géants
Dieu les met sur la terre,
Loin du souffle adultère
Des sombres océans,

Pour que nul vent aride,
Nul flot mêlé de fiel
N'empoisonne et ne ride
Ces gouttes d'eau limpide
Où se mire le ciel!

O ma fille, âme heureuse!
O lac de pureté!
Dans la vallée ombreuse,
Reste où ton Dieu te creuse
Un lit plus abrité!

Lac que le ciel parfume!
Le monde est une mer;
Son souffle est plein de brume,
Un peu de son écume
Rendrait ton flot amer!

Et toi, céleste ami qui gardes son enfance.
Qui le jour et la nuit lui fais une défense
De tes ailes d'azur!
Invisible trépied où s'allume sa flamme!
Esprit de sa prière, ange de sa jeune âme,
Cygne de ce lac pur!

Dieu te l'a confiée et je te la confie!
Soutiens, relève, exhorte, inspire et fortifie
Sa frêle humanité!
Qu'elle garde à jamais, réjouie ou souffrante,

Cet œil plein de rayons, cette âme transparente,
Cette sérénité

Qui fait que tout le jour et sans qu'elle te voie,
Écartant de son cœur faux désirs, fausse joie,
Mensonge et passion,
Prosternant à ses pieds ta couronne immortelle,
Comme elle devant Dieu, tu te tiens devant elle
En adoration!

Juin 1830.

XIX

ESPOIR EN DIEU.

Espère, enfant! demain! et puis demain encore!
Et puis toujours demain! croyons dans l'avenir.
Espère! et, chaque fois que se lève l'aurore,
Soyons là pour prier comme Dieu pour bénir!

Nos fautes, mon pauvre ange, ont causé nos souffrances.
Peut-être qu'en restant bien longtemps à genoux,
Quand il aura béni toutes les innocences,
Puis tous les repentirs, Dieu finira par nous!

Octobre 18...

XX

LES DEUX SŒURS.

Dans le frais clair-obscur du soir charmant qui tombe,
L'une pareille au cygne et l'autre à la colombe,
Belles, et toutes deux joyeuses, ô douceur !
Voyez, la grande sœur et la petite sœur
Sont assises au seuil du jardin, et sur elles
Un bouquet d'œillets blancs aux longues tiges frêles,

Dans une urne de marbre, agité par le vent,
Se penche, et les regarde, immobile et vivant,
Et frissonne dans l'ombre, et semble, au bord du vase,
Un vol de papillons arrêté dans l'extase.

La Terrasse, près Enghien, juin 1842.

XXI

Jeune fille, la grâce emplit tes dix-sept ans.
Ton regard dit : Matin, et ton front dit : Printemps.
Il semble que ta main porte un lis invisible.
Don Juan te voit passer et murmure : « Impossible ! »
Sois belle. Sois bénie, enfant, dans ta beauté.
La nature s'égaie à toute ta clarté ;
Tu fais une lueur sous les arbres ; la guêpe
Touche ta joue en fleur de son aile de crêpe ;
La mouche à tes yeux vole ainsi qu'à des flambeaux ;
Ton souffle est un encens qui monte au ciel. Lesbos
Et les marins d'Hydra, s'ils te voyaient sans voiles,
Te prendraient pour l'Aurore aux cheveux pleins d'étoiles

Les êtres de l'azur froncent leur pur sourcil,
Quand l'homme, spectre obscur du mal et de l'exil,
Ose approcher ton âme, aux rayons fiancée.
Sois belle. Tu te sens par l'ombre caressée,
Un ange vient baiser ton pied quand il est nu,
Et c'est ce qui te fait ton sourire ingénu.

Février 1843.

XXII

REGARD JETÉ DANS UNE MANSARDE.

L'église est vaste et haute. A ses clochers superbes
L'ogive en fleur suspend ses trèfles et ses gerbes;
Son portail resplendit, de sa rose pourvu;
Le soir fait fourmiller sous la voussure énorme

Anges, vierges, le ciel, l'enfer sombre et difforme,
Tout un monde effrayant comme un rêve entrevu.

Mais ce n'est pas l'église et ses voûtes sublimes,
Ses portes, ses vitraux, ses lueurs, ses abîmes.
Sa façade et ses tours, qui fascinent mes yeux ;
Non ; c'est tout près, dans l'ombre où l'âme aime à descendre.
Cette chambre d'où sort un chant sonore et tendre,
Posée au bord d'un toit comme un oiseau joyeux.

Oui, l'édifice est beau, mais cette chambre est douce.
J'aime le chêne altier moins que le nid de mousse,
J'aime le vent des prés plus que l'âpre ouragan ;
Mon cœur, quand il se perd sur les vagues béantes,
Préfère l'algue obscure aux falaises géantes,
Et l'heureuse hirondelle au splendide Océan.

*

Frais réduit ! à travers une claire feuillée
Sa fenêtre, petite et comme émerveillée,

S'épanouit auprès du gothique portail.
Sa verte jalousie à trois clous accrochée,
Par un bout s'échappant, par l'autre rattachée,
S'ouvre coquettement comme un grand éventail.

Au dehors un beau lis, qu'un prestige environne,
Emplit de sa racine et de sa fleur couronne
— Tout près de la gouttière où dort un chat sournois —
Un vase à forme étrange en porcelaine bleue
Où brille, avec des paons ouvrant leur large queue,
Ce beau pays d'azur que rêvent les Chinois.

Et dans l'intérieur par moments luit et passe
Une ombre, une figure, une fée, une grâce,
Jeune fille du peuple au chant plein de bonheur,
Orpheline, dit-on, et seule en cet asile,
Mais qui parfois a l'air, tant son front est tranquille,
De voir distinctement la face du Seigneur.

On sent, rien qu'à la voir, sa dignité profonde.
De ce cœur sans limon nul vent n'a troublé l'onde.

Ce tendre oiseau qui jase ignore l'oiseleur.
L'aile du papillon a toute sa poussière.
L'âme de l'humble vierge a toute sa lumière.
La perle de l'aurore est encor dans la fleur.

A l'obscure mansarde il semble que l'œil voie
Aboutir doucement tout un monde de joie,
La place, les passants, les enfants, leurs ébats,
Les femmes sous l'église à pas lents disparues,
Les fronts épanouis par la chanson des rues,
Mille rayons d'en haut, mille reflets d'en bas.

Fille heureuse! autour d'elle, ainsi qu'autour d'un temple,
Tout est modeste et doux, tout donne un bon exemple.
L'abeille fait son miel, la fleur rit au ciel bleu,
La tour répand de l'ombre, et, devant la fenêtre,
Sans faute, chaque soir, pour obéir au maître,
L'astre allume humblement sa couronne de feu.

Sur son beau col, empreint de virginité pure,
Point d'altière dentelle ou de riche guipure;

Mais un simple mouchoir noué pudiquement.
Pas de perle à son front, mais aussi pas de ride,
Mais un œil chaste et vif, mais un regard limpide.
Où brille le regard, que sert le diamant?
. . . .

Le matin, elle chante et puis elle travaille,
Sérieuse, les pieds sur sa chaise de paille,
Cousant, taillant, brodant quelques dessins choisis;
Et, tandis que, songeant à Dieu, simple et sans crainte,
Cette vierge accomplit sa tâche auguste et sainte,
Le silence rêveur à sa porte est assis.

Ainsi, Seigneur, vos mains couvrent cette demeure.
Dans cet asile obscur qu'aucun souci n'effleure,
Rien qui ne soit sacré, rien qui ne soit charmant!
Cette âme, en vous priant pour ceux dont la nef sombre,
Peut monter chaque soir vers vous sans faire d'ombre
Dans la sérénité de votre firmament!

Nul danger! nul écueil!... — Si! l'aspic est dans l'herbe!
Hélas! hélas! le ver est dans le fruit superbe!

Pour troubler une vie, il suffit d'un regard.
Le mal peut se montrer même aux clartés d'un cierge.
La curiosité qu'a l'esprit de la vierge
Fait une plaie au cœur de la femme plus tard.

. . . .

*

Oh ! la croix de ton père est là qui te regarde !
La croix du vieux soldat mort dans la vieille garde !
Laisse-toi conseiller par elle, ange tenté,
Laisse-toi conseiller, guider, sauver peut-être
Par ce lis fraternel penché sur ta fenêtre,
Qui mêle son parfum à ta virginité !

Par toute ombre qui passe en baissant la paupière !
Par les vieux saints rangés sous le portail de pierre !
Par la blanche colombe aux rapides adieux !
Par l'orgue ardent dont l'hymne en longs sanglots se brise !

Laisse-toi conseiller par la pensive église !
Laisse-toi conseiller par le ciel radieux !

Laisse-toi conseiller par l'aiguille ouvrière,
Présente à ton labeur, présente à ta prière,
Qui dit tout bas : « travaille ! » Oh ! crois-la ! Dieu, vois-tu,
Fit naître du travail, que l'insensé repousse,
Deux filles : la vertu, qui fait la gaîté douce,
Et la gaîté, qui rend charmante la vertu !

Entends ces mille voix, d'amour accentuées,
Qui passent dans le vent, qui tombent des nuées,
Qui montent vaguement des seuils silencieux,
Que la rosée apporte avec ses chastes gouttes,
Que le chant des oiseaux te répète, et qui toutes
Te disent à la fois : sois pure sous les cieux !

Sois pure sous les cieux ! comme l'onde et l'aurore,
Comme le joyeux nid, comme la tour sonore,
Comme la gerbe blonde, amour du moissonneur,
Comme l'astre incliné, comme la fleur penchante,

Comme tout ce qui rit, comme tout ce qui chante,
Comme tout ce qui dort dans la paix du Seigneur.

Sois calme. Le repos va du cœur au visage;
La tranquillité fait la majesté du sage.
Sois joyeuse. La foi vit sans l'austérité;
Un des reflets du ciel, c'est le rire des femmes;
La joie est la chaleur qui jette dans les âmes
Cette clarté d'en haut qu'on nommé Vérité.

La joie est pour l'esprit une riche ceinture,
La joie adoucit tout dans l'immense nature.
Dieu sur les vieilles tours pose le nid charmant
Et la broussaille en fleur qui luit dans l'herbe épaisse;
Car la ruine même autour de sa tristesse
A besoin de jeunesse et de rayonnement!

Sois bonne. La bonté contient les autres choses.
Le Seigneur indulgent sur qui tu te reposes
Compose de bonté le penseur fraternel.
La bonté, c'est le fond des natures augustes.

D'une seule vertu Dieu fait le cœur des justes,
Comme d'un seul saphir la coupole du ciel.

Ainsi, tu resteras, comme un lis, comme un cygne,
Blanche entre les fronts purs marqués d'un divin signe;
Et tu seras de ceux qui, sans peur, sans ennuis,
Des saintes actions amassant la richesse,
Rangent leur barque au port, leur vie à la sagesse,
Et, priant tous les soirs, dorment toutes les nuits!

. . . .

Juillet 1839.

XXIII

LAZZARA.

Comme elle court! voyez : — par les poudreux sentiers,
Par les gazons tout pleins de touffes d'églantiers,
Par les blés où le pavot brille,
Par les chemins perdus, par les chemins frayés,
Par les monts, par les bois, par les plaines, voyez
Comme elle court, la jeune fille!

Elle est grande, elle est svelte, et, quand, d'un pas joyeux,
Sa corbeille de fleurs sur la tête, à nos yeux
Elle apparaît vive et folâtre,
A voir sur son beau front s'arrondir ses bras blancs,
On croirait voir de loin, dans nos temples croulants,
Une amphore aux anses d'albâtre.

Elle est jeune et rieuse, et chante sa chanson,
Et, pieds nus, près du lac, de buisson en buisson,
Poursuit les vertes demoiselles.
Elle lève sa robe et passe les ruisseaux.
Elle va, court, s'arrête et vole, et les oiseaux
Pour ses pieds donneraient leurs ailes.

Quand, le soir, pour la danse on va se réunir,
A l'heure où l'on entend lentement revenir
Les grelots du troupeau qui bêle,
Sans chercher quels atours à ses traits conviendront,
Elle arrive, et la fleur qu'elle attache à son front
Nous semble toujours la plus belle.

. . . .

Mai 1828.

XXIV

Hélas! que j'en ai vu mourir de jeunes filles!
C'est le destin. Il faut une proie au trépas.
Il faut que l'herbe tombe au tranchant des faucilles;

Il faut que dans le bal les folâtres quadrilles
Foulent des roses sous leurs pas.

Il faut que l'eau s'épuise à courir les vallées ;
Il faut que l'éclair brille, et brille peu d'instants ;
Il faut qu'avril jaloux brûle de ses gelées
Le beau pommier trop fier de ses fleurs étoilées,
Neige odorante du printemps.

Oui, c'est la vie. Après le jour la nuit livide.
Après tout, le réveil, infernal ou divin.
Autour du grand banquet siége une foule avide ;
Mais bien des conviés laissent leur place vide,
Et se lèvent avant la fin.

*

Que j'en ai vu mourir ! — L'une était rose et blanche ;
L'autre semblait ouïr de célestes accords ;
L'autre, faible, appuyait d'un bras son front qui penche,
Et, comme en s'envolant l'oiseau courbe la branche,
Son âme avait brisé son corps.

Une, pâle, égarée, en proie au noir délire,
Disait tout bas un nom dont nul ne se souvient;
Une s'évanouit comme un chant sur la lyre;
Une autre, en expirant, avait le doux sourire
D'un jeune ange qui s'en revient.

Toutes, fragiles fleurs, sitôt mortes que nées!
Alcyons engloutis avec leurs nids flottants!
Colombes que le ciel au monde avait données!
Qui, de grâce et d'enfance et d'amour couronnées,
Comptaient leurs ans par les printemps!

Quoi! mortes! quoi! déjà sous la pierre couchées!
Quoi! tant d'êtres charmants sans regard et sans voix!
Tant de flambeaux éteints, tant de fleurs arrachées!...
Oh! laissez-moi fouler les feuilles desséchées
Et m'égarer au fond des bois!

Doux fantômes! c'est là, quand je rêve dans l'ombre,
Qu'ils viennent tour à tour m'entendre et me parler.
Un jour douteux me montre et me cache leur nombre;

A travers les rameaux et le feuillage sombre,
Je vois leurs yeux étinceler.

Mon âme est une sœur pour ces ombres si belles.
La vie et le tombeau pour nous n'ont plus de loi.
Tantôt j'aide leurs pas, tantôt je prends leurs ailes.
Vision ineffable où je suis mort comme elles,
Elles, vivantes comme moi!

Elles prêtent leur forme à toutes mes pensées;
Je les vois, je les vois! Elles me disent : « Viens! »
Puis autour d'un tombeau dansent entrelacées;
Puis s'en vont lentement, par degrés éclipsées.
Alors je songe et me souviens...

*

Une surtout : — un ange, une jeune Espagnole! —
Blanches mains, sein gonflé de soupirs innocents,
Un œil noir où luisaient des regards de créole,
Et ce charme inconnu, cette fraîche auréole
Qui couronne un front de quinze ans!

Non, ce n'est point d'amour qu'elle est morte : pour elle,
L'amour n'avait encor ni plaisirs ni combats;
Rien ne faisait encor battre son cœur rebelle
Quand tous en la voyant s'écriaient : « Qu'elle est belle! »
Nul ne le lui disait tout bas.

Elle aimait trop le bal, c'est ce qui l'a tuée.
Le bal éblouissant, le bal délicieux!
Sa cendre encore frémit doucement remuée,
Quand, dans la nuit sereine, une blanche nuée
Danse autour du croissant des cieux.

Elle aimait trop le bal. — Quand venait une fête,
Elle y pensait trois jours, trois nuits elle en rêvait,
Et femmes, musiciens, danseurs que rien n'arrête,
Venaient, dans son sommeil, troublant sa jeune tête,
Rire et bruire à son chevet.

Puis c'étaient des bijoux, des colliers, des merveilles!
Des ceintures de moire aux ondoyants reflets;
Des tissus plus légers que des ailes d'abeilles;

Des festons, des rubans, à remplir des corbeilles ;
Des fleurs, à payer un palais !

La fête commencée, avec ses sœurs rieuses
Elle accourait, froissant l'éventail sous ses doigts,
Puis s'asseyait parmi les écharpes soyeuses,
Et son cœur éclatait en fanfares joyeuses,
Avec l'orchestre aux mille voix.

C'était plaisir de voir danser la jeune fille !
Sa basquine agitait ses paillettes d'azur ;
Ses grands yeux noirs brillaient sous la noire mantille :
Telle une double étoile au front des nuits scintille
Sous les plis d'un nuage obscur.

Tout en elle était danse, et rire, et folle joie.
Enfant ! — Nous l'admirions dans nos tristes loisirs !
Car ce n'est point au bal que le cœur se déploie :
La cendre y vole autour des tuniques de soie,
L'ennui sombre autour des plaisirs.

Mais elle, par la valse ou la ronde emportée,
Volait, et revenait, et ne respirait pas,
Et s'enivrait des sons de la flûte vantée,
Des fleurs, des lustres d'or, de la fête enchantée,
Du bruit des voix, du bruit des pas.

Quel bonheur de bondir, éperdue, en la foule,
De sentir par le bal ses sens multipliés,
Et de ne pas savoir si dans la nue on roule,
Si l'on chasse en fuyant la terre, ou si l'on foule
Un flot tournoyant sous ses pieds!

Mais, hélas! il fallait, quand l'aube était venue,
Partir, attendre au seuil le manteau de satin.
C'est alors que souvent la danseuse ingénue
Sentit en frissonnant sur son épaule nue
Glisser le souffle du matin.

Quels tristes lendemains laisse le bal folâtre!
Adieu, parure, et danse, et rires enfantins!
Aux chansons succédait la toux opiniâtre,

Au plaisir rose et frais la fièvre au teint bleuâtre,
Aux yeux brillants les yeux éteints.

*

Elle est morte. — A quinze ans, belle, heureuse, adorée!
Morte au sortir d'un bal qui nous mit tous en deuil,
Morte, hélas! et, des bras d'une mère égarée,
La Mort aux froides mains la prit toute parée,
Pour l'endormir dans le cercueil.

Pour danser d'autres bals elle était encor prête,
Tant la mort fut pressée à prendre un corps si beau;
Et ces roses d'un jour qui couronnaient sa tête,
Qui s'épanouissaient la veille en une fête,
Se fanèrent dans un tombeau.

*

Sa pauvre mère! — hélas! de son sort ignorante,
Avoir mis tant d'amour sur ce frêle roseau,
Et si longtemps veillé son enfance souffrante,
Et passé tant de nuits à l'endormir pleurante
Toute petite en son berceau!

A quoi bon ? — Maintenant la jeune trépassée,
Sous le plomb du cercueil, livide, en proie au ver,
Dort ; et si, dans la tombe où nous l'avons laissée,
Quelque fête des morts la réveille glacée,
Par une belle nuit d'hiver,

Un spectre, au rire affreux, à sa morne toilette
Préside au lieu de mère, et lui dit : « Il est temps ! »
Et, glaçant d'un baiser sa lèvre violette,
Passe les doigts noueux de sa main de squelette
Sous ses cheveux longs et flottants.

Puis, tremblante, il la mène à la danse fatale,
Au chœur aérien dans l'ombre voltigeant ;
Et sur l'horizon gris la lune est large et pâle,
Et l'arc-en-ciel des nuits teint d'un reflet d'opale
Le nuage aux franges d'argent.

*

Vous toutes qu'à ses jeux le bal riant convie,
Pensez à l'Espagnole éteinte sans retour,

Jeunes filles ! joyeuse, et d'une main ravie,
Elle allait moissonnant les roses de la vie,
Beauté, plaisir, jeunesse, amour !

La pauvre enfant, de fête en fête promenée,
De ce bouquet charmant arrangeait les couleurs ;
Mais qu'elle a passé vite, hélas ! l'infortunée !
Ainsi qu'Ophélia par le fleuve entraînée,
Elle est morte en cueillant des fleurs !

Avril 1828.

LES ORPHELINS ET LES PAUVRES

LES ORPHELINS ET LES PAU
RES
III

XXV

DIEU EST TOUJOURS LA.

Quand l'été vient, le pauvre adore!
L'été, c'est la saison de feu,
C'est l'air tiède et la fraîche aurore;
L'été, c'est le regard de Dieu.

L'été, la nuit bleue et profonde
S'accouple au jour limpide et clair;

Le soir est d'or, la plaine est blonde ;
On entend des chansons dans l'air.

L'été, la nature éveillée
Partout se répand en tous sens,
Sur l'arbre en épaisse feuillée,
Sur l'homme en bienfaits caressants.

Tout ombrage alors semble dire :
Voyageur, viens te reposer !
Elle met dans l'aube un sourire,
Elle met dans l'onde un baiser.

Elle cache et recouvre d'ombre,
Loin du monde sourd et moqueur,
Une lyre dans le bois sombre,
Une oreille dans notre cœur !

Elle donne vie et pensée
Aux pauvres de l'hiver sauvés,

Du soleil à pleine croisée,
Et le ciel pur, qui dit : Vivez!

Sur les chaumières dédaignées
Par les maîtres et les valets,
Joyeuse, elle jette à poignées
Les fleurs qu'elle vend au palais.

Son luxe aux pauvres seuils s'étale.
Ni les parfums ni les rayons
N'ont peur, dans leur candeur royale,
De se salir à des haillons.

Sur un toit où l'herbe frissonne
Le jasmin veut bien se poser.
Le lis ne méprise personne,
Lui qui pourrait tout mépriser!

Alors la masure où la mousse
Sur l'humble chaume a débordé

Montre avec une fierté douce
Son vieux mur de roses brodé.

L'aube alors de clartés baignée,
Entrant dans le réduit profond,
Dore la toile d'araignée
Entre les poutres du plafond.

Alors l'âme du pauvre est pleine.
Humble, il bénit ce Dieu lointain
Dont il sent la céleste haleine
Dans tous les souffles du matin.

L'air le réchauffe et le pénètre.
Il fête le printemps vainqueur.
Un oiseau chante à sa fenêtre,
La gaîté chante dans son cœur!

Alors, si l'orphelin s'éveille,
Sans toit, sans mère et priant Dieu,

Une voix lui dit à l'oreille :
« Eh bien! viens sous mon dôme bleu!

« Le Louvre est égal aux chaumières
Sous ma coupole de saphirs.
Viens sous mon ciel plein de lumières,
Viens sous mon ciel plein de zéphyrs!

« J'ai connu ton père et ta mère
Dans leurs bons et leurs mauvais jours.
Pour eux la vie était amère,
Mais, moi, je fus douce toujours.

« C'est moi qui sur leur sépulture
Ai mis l'herbe qui la défend.
Viens, je suis la grande nature!
Je suis l'aïeule, et toi l'enfant.

« Viens, j'ai des fruits d'or, j'ai des roses,
J'en remplirai tes petits bras;

16

Je te dirai de douces choses,
Et peut-être tu souriras!

« Car je voudrais te voir sourire,
Pauvre enfant si triste et si beau!
Et puis tout bas j'irais le dire
A ta mère dans son tombeau! »

Et l'enfant, à cette voix tendre,
De la vie oubliant le poids,
Rêve et se hâte de descendre
Le long des coteaux dans les bois.

Là, du plaisir tout a la forme,
L'arbre a des fruits, l'herbe a des fleurs;
Il entend dans le chêne énorme
Rire les oiseaux querelleurs.

Dans l'onde il mire son visage;
Tout lui parle; adieu son ennui!

Le buisson l'arrête au passage,
Et le caillou joue avec lui.

Le soir, point d'hôtesse cruelle
Qui l'accueille d'un front hagard.
Il trouve l'étoile si belle,
Qu'il s'endort à son doux regard!

— Oh! qu'en dormant rien ne t'oppresse!
Dieu sera là pour ton réveil!
La lune vient qui le caresse
Plus doucement que le soleil.

Car elle a de plus molles trêves
Pour nos travaux et nos douleurs.
Elle fait éclore les rêves,
Lui ne fait naître que les fleurs!

Oh! quand la fauvette dérobe
Son nid sous les rameaux penchants,

Lorsqu'au soleil séchant sa robe
Mai tout mouillé rit dans les champs,

J'ai souvent pensé dans mes veilles
Que la nature au front sacré
Dédiait tout bas ses merveilles
A ceux qui l'hiver ont pleuré.

Pour tous et pour le méchant même
Elle est bonne, Dieu le permet,
Dieu le veut; mais surtout elle aime
Le pauvre que Jésus aimait!

Toujours sereine et pacifique,
Elle offre à l'auguste indigent
Des dons de reine magnifique,
Des soins d'esclave intelligent!

A-t-il faim? Au fruit de la branche
Elle dit : — Tombe, ô fruit vermeil!

A-t-il soif? — Que l'onde s'épanche!
A-t-il froid? — Lève-toi, soleil!

*

Mais, hélas! juillet fait sa gerbe;
L'été, lentement effacé,
Tombe feuille à feuille dans l'herbe,
Et jour à jour dans le passé.

Puis octobre perd sa dorure;
Et les bois dans les lointains bleus
Couvrent de leur rousse fourrure
L'épaule des coteaux frileux.

L'hiver des nuages sans nombre
Sort, et chasse l'été du ciel,
Pareil au temps, ce faucheur sombre
Qui suit le semeur éternel!

Le pauvre alors s'effraie et prie.
L'hiver, hélas! c'est Dieu qui dort;

C'est la faim livide et maigrie
Qui tremble auprès du foyer mort!

Il croit voir une main de marbre
Qui, mutilant le jour obscur,
Retire tous les fruits de l'arbre
Et tous les rayons de l'azur.

Il pleure, la nature est morte!
O rude hiver! ô dure loi!
Soudain un ange ouvre sa porte
Et dit en souriant : « C'est moi! »

Cet ange qui donne et qui tremble,
C'est l'aumône aux yeux de douceur,
Au front crédule, et qui ressemble
A la foi, dont elle est la sœur!

« Je suis la Charité, l'amie
Qui se réveille avant le jour,

Quand la nature est endormie,
Et que Dieu m'a dit : « A ton tour ! »

« Je viens visiter ta chaumière
Veuve de l'été si charmant !
Je suis fille de la prière,
J'ai des mains qu'on ouvre aisément.

« J'accours, car la saison est dure,
J'accours, car l'indigent a froid !
J'accours, car la tiède verdure
Ne fait plus d'ombre sur le toit !

« Je prie et jamais je n'ordonne.
Chère à tout homme, quel qu'il soit,
Je laisse la joie à qui donne,
Et je l'apporte à qui reçoit. »

O figure auguste et modeste,
Où le Seigneur mêla pour nous

Ce que l'ange a de plus céleste,
Ce que la femme a de plus doux!

Au lit du vieillard solitaire
Elle penche un front gracieux,
Et rien n'est plus beau sur la terre,
Et rien n'est plus grand sous les cieux,

Lorsque, réchauffant leurs poitrines
Entre ses genoux triomphants,
Elle tient dans ses mains divines
Les pieds nus des petits enfants!

Elle va dans chaque masure,
Laissant au pauvre réjoui
Le vin, le pain frais, l'huile pure
Et le courage épanoui!

Et le feu! le beau feu folâtre,
A la pourpre ardente pareil,

Qui fait qu'amené devant l'âtre
L'aveugle croit rire au soleil!

Puis elle cherche au coin des bornes,
Transis par la froide vapeur,
Ces enfants qu'on voit nus et mornes
Et se mourant avec stupeur.

Oh! voilà surtout ceux qu'elle aime!
Faibles fronts dans l'ombre engloutis!
Parés d'un triple diadème,
Innocents, pauvres et petits!

Ils sont meilleurs que nous ne sommes!
Elle leur donne en même temps,
Avec le pain qu'il faut aux hommes,
Le baiser qu'il faut aux enfants!

Tandis que leur faim secourue
Mange ce pain de pleurs noyé,

Elle étend sur eux dans la rue
Son bras des passants coudoyé.

Et si, le front dans la lumière,
Un riche passe en ce moment,
Par le bord de sa robe altière
Elle le tire doucement !

Puis pour eux elle prie encore
La grande foule au cœur étroit,
La foule, qui, dès qu'on l'implore,
S'en va comme l'eau qui décroît !

« Oh ! malheureux celui qui chante
Un chant joyeux, peut-être impur,
Pendant que la bise méchante
Mord un pauvre enfant sous son mur.

« Oh ! la chose triste et fatale,
Lorsque chez le riche hautain

Un grand feu tremble dans la salle,
Reflété par un grand festin,

« De voir, quand l'orgie enrouée
Dans la pourpre s'égaie et rit,
A peine une toile trouée
Sur les membres de Jésus-Christ!

« Oh! donnez-moi pour que je donne!
J'ai des oiseaux nus dans mon nid.
Donnez, méchants, Dieu vous pardonne;
Donnez, ô bons, Dieu vous bénit!

« Heureux ceux que mon zèle enflamme:
Qui donne aux pauvres prête à Dieu.
Le bien qu'on fait parfume l'âme,
On s'en souvient toujours un peu!

« Le soir, au seuil de sa demeure,
Heureux celui qui sait encor

Ramasser un enfant qui pleure,
Comme un avare un sequin d'or!

« Le vrai trésor rempli de charmes,
C'est un groupe pour vous priant
D'enfants qu'on a trouvés en larmes
Et qu'on a laissés souriant!

« Les biens que je donne à qui m'aime,
Jamais Dieu ne les retira.
L'or que sur le pauvre je sème
Pour le riche au ciel germera! »

. . . .

Février 1837.

XXVI

CHANSON.

La femelle? Elle est morte.
Le mâle? Un chat l'emporte
Et dévore ses os.
Au doux nid qui frissonne
Qui reviendra? Personne.
Pauvres petits oiseaux!

Le pâtre absent par fraude!
Le chien mort! Le loup rôde

Et tend ses noirs panneaux.
Au bercail qui frissonne
Qui veillera? Personne.
Pauvres petits agneaux!

L'homme au bagne! la mère
A l'hospice! ô misère!
Le logis tremble aux vents;
L'humble berçeau frissonne.
Que reste-t-il? Personne.
Pauvres petits enfants!

Jersey, février 1853.

XXVII

. . . .

Où vont tous ces enfants dont pas un seul ne rit?
Ces doux êtres pensifs que la fièvre maigrit?

Ces filles de huit ans qu'on voit cheminer seules?
Ils s'en vont travailler quinze heures sous des meules;
Ils vont, de l'aube au soir, faire éternellement
Dans la même prison le même mouvement.
Accroupis sous les dents d'une machine sombre,
Monstre hideux qui mâche on ne sait quoi dans l'ombre,
Innocents dans un bagne, anges dans un enfer,
Ils travaillent, tout est d'airain, tout est de fer.
Jamais on ne s'arrête et jamais on ne joue;
Aussi quelle pâleur! la cendre est sur leur joue.
Il fait à peine jour, ils sont déjà bien las.
Ils ne comprennent rien à leur destin, hélas!
Ils semblent dire à Dieu : « Petits comme nous sommes,
Notre Père, voyez ce que nous font les hommes! »
O servitude infâme imposée à l'enfant!
Rachitisme, travail dont le souffle étouffant
Défait ce qu'a fait Dieu; qui tue, œuvre insensée,
La beauté sur les fronts, dans les cœurs la pensée,
Et qui ferait — c'est là son fruit le plus certain —
D'Apollon un bossu, de Voltaire un crétin!
Travail mauvais qui prend l'âge tendre en sa serre,
Qui produit la richesse en créant la misère,
Qui se sert d'un enfant ainsi que d'un outil!

Progrès dont on demande : « Où va-t-il? que veut-il? »
Qui brise la jeunesse en fleur ! qui donne, en somme,
Une âme à la machine et la retire à l'homme !
Que ce travail, haï des mères, soit maudit !
Maudit comme le vice où l'on s'abâtardit,
Maudit comme l'opprobre et comme le blasphème !
O Dieu ! qu'il soit maudit au nom du travail même,
Au nom du vrai travail, saint, fécond, généreux,
Qui fait le peuple libre et qui rend l'homme heureux !

. . . .

Paris, juillet 1831.

XXVIII

CHOSE VUE UN JOUR DE PRINTEMPS.

Entendant des sanglots, je poussai cette porte.

Les quatre enfants pleuraient et la mère était morte.
Tout dans ce lieu lugubre effrayait le regard.

Sur le grabat gisait le cadavre hagard ;
C'était déjà la tombe et déjà le fantôme.
Pas de feu ; le plafond laissait passer le chaume.
Les quatre enfants songeaient comme quatre vieillards.
On voyait, comme une aube à travers des brouillards,
Aux lèvres de la morte un sinistre sourire ;
Et l'aîné, qui n'avait que six ans, semblait dire :
« Regardez donc cette ombre où le sort nous a mis ! »

Un crime en cette chambre avait été commis.
Ce crime, le voici : — Sous le ciel qui rayonne,
Une femme est candide, intelligente, bonne ;
Dieu, qui la suit d'en haut d'un regard attendri,
La fit pour être heureuse. Humble elle a pour mari
Un ouvrier ; tous deux, sans aigreur, sans envie,
Tirent d'un pas égal le licou de la vie.
Le choléra lui prend son mari ; la voilà
Veuve avec la misère et quatre enfants qu'elle a.
Alors, elle se met au labeur comme un homme.
Elle est active, propre, attentive, économe ;
Pas de drap à son lit, pas d'âtre à son foyer ;
Elle ne se plaint pas, sert qui veut l'employer,
Ravaude de vieux bas, fait des nattes de paille,

Tricote, file, coud, passe les nuits, travaille
Pour nourrir ses enfants; elle est honnête enfin.
Un jour on va chez elle, elle est morte de faim.
. . . .

O Dieu! la séve abonde, et, dans ses flancs troublés,
La terre est pleine d'herbe et de fruits et de blés,
Dès que l'arbre a fini, le sillon recommence;
Et, pendant que tout vit, ô Dieu! dans ta clémence,
Que la mouche connaît la feuille du sureau,
Pendant que l'étang donne à boire au passereau,
Pendant que le tombeau nourrit les vautours chauves,
Pendant que la nature, en ses profondeurs fauves,
Fait manger le chacal, l'once et le basilic,
L'homme expire! — Oh! la faim, c'est le crime public;
C'est l'immense assassin qui sort de nos ténèbres.

Dieu! pourquoi l'orphelin, dans ses langes funèbres,
Dit-il: « J'ai faim! » L'enfant, n'est-ce pas un oiseau?
Pourquoi le nid a-t-il ce qui manque au berceau?

Avril 1840

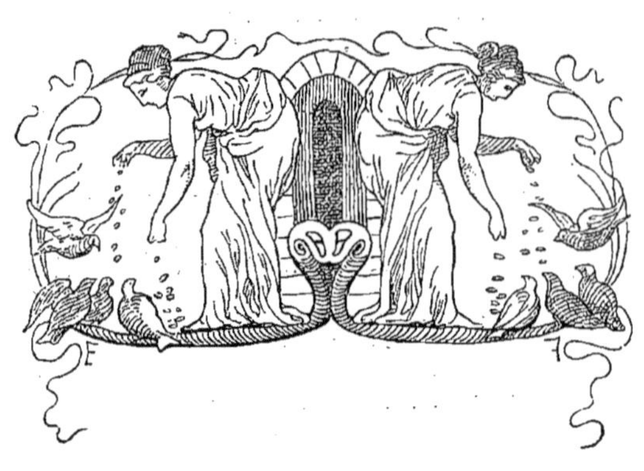

XXIX

RENCONTRE.

Après avoir donné son aumône au plus jeune,
Pensif, il s'arrêta pour les voir. — Un long jeûne
Avait maigri leur joue, avait flétri leur front.
Ils s'étaient, tous les quatre à terre assis en rond ;
Puis s'étant partagé, comme feraient des anges,
Un morceau de pain noir ramassé dans nos fanges,
Ils mangeaient, mais d'un air si morne et si navré
Qu'en les voyant ainsi toute femme eût pleuré.

C'est qu'ils étaient perdus sur la terre où nous sommes,
Et tout seuls, quatre enfants, dans la foule des hommes
— Oui, sans père ni mère! — et pas même un grenier;
Pas d'abri; tous pieds nus, excepté le dernier,
Qui traînait, pauvre amour, sous son pied qui chancelle
De vieux souliers trop grands noués d'une ficelle.
Dans les fossés, la nuit, ils dorment bien souvent.
Aussi, comme ils ont froid le matin, en plein vent,
Quand l'arbre, frissonnant au cri de l'alouette,
Dresse sur un ciel clair sa noire silhouette!
Leurs mains rouges étaient roses quand Dieu les fit.
Le dimanche, au hameau, cherchant un vil profit,
Ils errent. Le petit, sous sa pâleur malsaine,
Chante, sans la comprendre, une chanson obscène,
Pour faire rire — hélas! lui qui pleure en secret!
Quelque immonde vieillard au seuil d'un cabaret;
Si bien que, quelquefois, du bouge qui s'égaie
Il tombe à leur faim sombre une abjecte monnaie,
Aumône de l'enfer que jette le péché,
Sou hideux sur lequel le démon a craché!
Pour l'instant, ils mangeaient derrière une broussaille
Cachés, et plus tremblants que le faon qui tressaille,
Car souvent on les bat, on les chasse toujours!

C'est ainsi qu'innocents condamnés, tous les jours
Ils passent affamés, sous mes murs, sous les vôtres,
Et qu'ils vont au hasard, l'aîné menant les autres.
Alors, lui qui rêvait, il regarda là-haut ;
Et son œil ne vit rien que l'éther calme et chaud,
Le soleil bienveillant, l'air plein d'ailes dorées,
Et la sérénité des voûtes azurées,
Et le bonheur, les cris, les rires triomphants
Qui des oiseaux du ciel tombaient sur ces enfants.

Juin 1830.

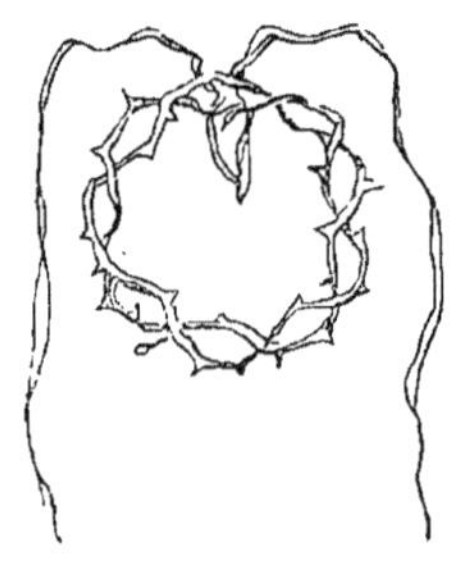

XXX

LOUIS XVII.

En ces temps-là, du ciel les portes d'or s'ouvrirent ;
Du Saint des saints ému les feux se découvrirent ;
Tous les cieux un moment brillèrent dévoilés ;
Et les élus voyaient, lumineuses phalanges,
Venir une jeune âme entre de jeunes anges
Sous les portiques étoilés.

C'était un bel enfant qui fuyait de la terre ;
Son œil bleu du malheur portait le signe austère ;
Ses blonds cheveux flottaient sur ses traits pâlissants.
Et les vierges du ciel, avec des chants de fête,
Aux palmes du martyre unissaient sur sa tête
La couronne des innocents.

*

On entendit des voix qui disaient dans la nue :
« Jeune ange, Dieu sourit à ta gloire ingénue ;
Viens, rentre dans ses bras pour ne plus en sortir ;
Et vous qui du Très-Haut racontez les louanges,
Séraphins, prophètes, archanges,
Courbez-vous, c'est un roi ! chantez, c'est un martyr !

« — Où donc ai-je régné ? demandait la jeune ombre.
Je suis un prisonnier, je ne suis point un roi.
Hier, je m'endormis au fond d'une tour sombre.
Où donc ai-je régné ? Seigneur, dites-le-moi.
Hélas ! mon père est mort d'une mort bien amère ;
Ses bourreaux, ô mon Dieu ! m'ont abreuvé de fiel ;

Je suis un orphelin ; je viens chercher ma mère,
Qu'en mes rêves j'ai vue au ciel ! »

Les anges répondaient : « Ton Sauveur te réclame.
Ton Dieu d'un monde impie a rappelé ton âme.
Fuis la terre insensée où l'on brise la croix,
Où jusque dans la mort descend le régicide,
Où le meurtre, d'horreur avide,
Fouille dans les tombeaux pour y chercher des rois !

« — Quoi ! de ma longue vie ai-je achevé le reste ?
Disait-il ; tous mes maux, les ai-je enfin soufferts ?
Est-il vrai qu'un geôlier, de ce rêve céleste,
Ne viendra pas demain m'éveiller dans mes fers ?
Captif, de mes tourments cherchant la fin prochaine,
J'ai prié ; Dieu veut-il enfin me secourir ?
Oh ! n'est-ce pas un songe ? a-t-il brisé ma chaîne ?
Ai-je eu le bonheur de mourir ?

« Car vous ne savez point quelle était ma misère !
Chaque jour dans ma vie amenait des malheurs ;

Et, lorsque je pleurais, je n'avais pas de mère,
Pour chanter à mes cris, pour sourire à mes pleurs.
D'un châtiment sans fin languissante victime,
De ma tige arraché comme un tendre arbrisseau,
J'étais proscrit bien jeune, et j'ignorais quel crime
J'avais commis dans mon berceau.

« Et pourtant, écoutez : bien loin dans ma mémoire,
J'ai d'heureux souvenirs avec ces temps d'effroi ;
J'entendais en dormant des bruits confus de gloire,
Et des peuples joyeux veillaient autour de moi.
Un jour, tout disparut dans un sombre mystère ;
Je vis fuir l'avenir à mes destins promis :
Je n'étais qu'un enfant, faible et seul sur la terre,
Hélas ! et j'eus des ennemis.

« Ils m'ont jeté vivant sous des murs funéraires ;
Mes yeux voués aux pleurs n'ont plus vu le soleil ;
Mais, vous que je retrouve, anges du ciel, mes frères,
Vous m'avez visité souvent dans mon sommeil.
Mes jours se sont flétris dans leurs mains meurtrières,
Seigneur ! mais les méchants sont toujours malheureux ;

Oh ! ne soyez pas sourd comme eux à mes prières,
Car je viens vous prier pour eux. »

Et les anges chantaient : « L'arche à toi se dévoile,
Suis-nous : sur ton beau front nous mettrons une étoile.
Prends les ailes d'azur des chérubins vermeils.
Tu viendras avec nous bercer l'enfant qui pleure,
Ou, dans leur brûlante demeure,
D'un souffle lumineux rajeunir les soleils. »

*

Soudain le chœur cessa, les élus écoutèrent
Il baissa son regard par les larmes terni ;
Au fond des cieux muets les mondes s'arrêtèrent,
Et l'éternelle voix parla dans l'infini.

« O roi, je t'ai gardé loin des grandeurs humaines !
Tu t'es réfugié du trône dans les chaînes.
Va, mon fils, bénis tes revers.
Tu n'as point su des rois l'esclavage suprême.

Ton front, du moins, n'est pas meurtri du diadème,
Si tes bras sont meurtris de fers.

« Enfant, tu t'es courbé sous le poids de la vie,
Et la terre, pourtant, d'espérance et d'envie
Avait entouré ton berceau !
Viens, ton Seigneur lui-même eut ses douleurs divines,
Et mon fils, comme toi, roi couronné d'épines,
Porta le sceptre de roseau ! »

Décembre 1822.

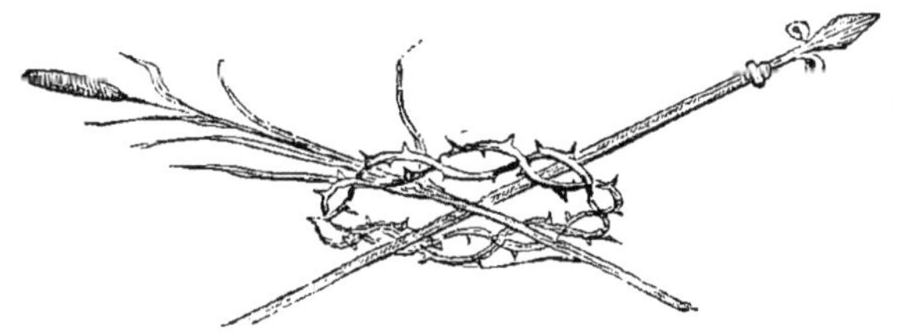

XXXI

LE ROI DE ROME.

Mil huit cent onze ! — O temps où des peuples sans nombre
Attendaient, prosternés sous un nuage sombre,
Que le ciel eût dit oui !
Sentaient trembler sous eux les États centenaires,
Et regardaient le Louvre, entouré de tonnerres,
Comme un mont Sinaï !

Courbés comme un cheval qui sent venir son maître,
Ils se disaient entre eux : « Quelqu'un de grand va naître.
L'immense empire attend un héritier demain.
Qu'est-ce que le Seigneur va donner à cet homme

Qui, plus grand que César, plus grand même que Rome,
Absorbe dans son sort le sort du genre humain? »

Comme ils parlaient, la nue éclatante et profonde
S'entr'ouvrit, et l'on vit se dresser sur le monde
L'homme prédestiné;
Et les peuples béants ne purent que se taire,
Car ses deux bras levés présentaient à la terre
Un enfant nouveau-né!

Au souffle de l'enfant, dôme des Invalides,
Les drapeaux prisonniers sous tes voûtes splendides
Frémirent, comme au vent frémissent les épis;
Et son cri, ce doux cri qu'une nourrice apaise,
Fit, nous l'avons tous vu, bondir et hurler d'aise
Les canons monstrueux à ta porte accroupis!

Et Lui, l'orgueil gonflait sa puissante narine;
Ses deux bras, jusqu'alors croisés sur sa poitrine,
S'étaient enfin ouverts!
Et l'enfant, soutenu dans sa main paternelle,

Inondé des éclairs de sa fauve prunelle,
Rayonnait au travers !

Quand il eut bien fait voir l'héritier de ses trônes
Aux vieilles nations comme aux vieilles couronnes,
Éperdu, l'œil fixé sur quiconque était roi,
Comme un aigle arrivé sur une haute cime,
Il cria tout joyeux avec un air sublime :
« L'avenir ! l'avenir ! l'avenir est à moi ! »
. . . .

*

O revers ! ô leçon ! — Quand l'enfant de cet homme
Eut reçu pour hochet la couronne de Rome ;
Lorsqu'on l'eut revêtu d'un nom qui retentit ;
Lorsqu'on eut bien montré son front royal qui tremble
Au peuple émerveillé qu'on puisse tout ensemble
Être si grand et si petit ;

Quand son père eut pour lui gagné bien des batailles ;
Lorsqu'il eut épaissi de vivantes murailles
Autour du nouveau-né riant sur son chevet ;
Quand ce grand ouvrier, qui savait comme on fonde.

Eut, à coups de cognée, à peu près fait le monde
Selon le songe qu'il rêvait;

Quand tout fut préparé par les mains paternelles,
Pour doter l'humble enfant de splendeurs éternelles;
Lorsqu'on eut de sa vie assuré les relais;
Quand, pour loger un jour ce maître héréditaire,
On eut enraciné bien avant dans la terre
Les pieds de marbre des palais;

Lorsqu'on eut pour sa soif posé devant la France
Un vase tout rempli du vin de l'espérance...
Avant qu'il eût goûté de ce poison doré,
Avant que de sa lèvre il eût touché la coupe,
Un Cosaque survint qui prit l'enfant en croupe
Et l'emporta tout effaré!...

Oui, l'aigle un soir planait aux voûtes éternelles,
Lorsqu'un grand coup de vent lui cassa les deux ailes;
Sa chute fit dans l'air un foudroyant sillon;
Tous alors sur son nid fondirent pleins de joie;

Chacun selon ses dents se partagea la proie ;
L'Anglèterre prit l'aigle, et l'Autriche l'aiglon !

Vous savez ce qu'on fit du géant historique.
Pendant six ans, on vit, loin derrière l'Afrique,
Sous le verrou des rois prudents,
— Oh ! n'exilons personne ! oh ! l'exil est impie ! —
Cette grande figure en sa cage accroupie,
Ployée, et les genoux aux dents !

Encor si ce banni n'eût rien aimé sur terre !...
Mais les cœurs de lion sont les vrais cœurs de père :
Il aimait son fils, ce vainqueur !
Deux choses lui restaient dans sa cage inféconde :
Le portrait d'un enfant et la carte du monde,
Tout son génie et tout son cœur !

Le soir, quand son regard se perdait dans l'alcôve,
Ce qui se remuait dans cette tête chauve,
Ce que son œil cherchait dans le passé profond,
— Tandis que ses geôliers, sentinelles placées

Pour guetter nuit et jour le vol de ses pensées,
En regardaient passer les ombres sur son front, —

Ce n'était pas toujours, sire, cette épopée
Que vous aviez naguère écrite avec l'épée :
Arcole, Austerlitz, Montmirail ;
Ni l'apparition des vieilles Pyramides ;
Ni le pacha du Caire, et ses chevaux numides
Qui mordaient le vôtre au poitrail ;

Ce n'était pas le bruit de bombe et de mitraille
Que vingt ans, sous ses pieds, avait fait la bataille
Déchaînée en noirs tourbillons,
Quand son souffle poussait sur cette mer troublée
Les drapeaux frissonnants, penchés dans la mêlée
Comme les mâts des bataillons ;

Ce n'était pas Madrid, le Kremlin et le Phare,
La diane au matin fredonnant sa fanfare,
Le bivac sommeillant dans les feux étoilés,
Les dragons chevelus, les grenadiers épiques,
Et les rouges lanciers fourmillant dans les piques,
Comme des fleurs de pourpre en l'épaisseur des blés ;

Non, ce qui l'occupait, c'est l'ombre blonde et rose
D'un bel enfant qui dort la bouche demi-close,
Gracieux comme l'Orient,
Tandis qu'avec amour, sa nourrice enchantée,
D'une goutte de lait au bout du sein restée,
Agace sa lèvre en riant !

Le père alors posait ses coudes sur sa chaise ;
Son cœur plein de sanglots se dégonflait à l'aise,
Il pleurait d'amour éperdu !
Sois béni, pauvre enfant ! tête aujourd'hui glacée,
Seul être qui pouvais distraire sa pensée
Du trône du monde perdu !

. . . .

Août 1832.

XXXII

L'ENFANT GREC.

Les Turcs ont passé là : tout est ruine et deuil.
Chio, l'île des vins, n'est plus qu'un sombre écueil,
Chio, qu'ombrageaient les charmilles,
Chio, qui dans les flots reflétait ses grands bois,
Ses coteaux, ses palais, et le soir quelquefois
Un chœur dansant de jeunes filles.

Tout est désert ; mais non : seul, près des murs noircis,
Un enfant aux yeux bleus, un enfant grec, assis,

Courbait sa tête humiliée.
Il avait pour asile, il avait pour appui
Une blanche aubépine, une fleur comme lui
Dans le grand ravage oubliée.

« Ah ! pauvre enfant, pieds nus sur les rocs anguleux !
Hélas ! pour essuyer les pleurs de tes yeux bleus
Comme le ciel et comme l'onde,
Pour que dans leur azur, de larmes orageux,
Passe le vif éclair de la joie et des jeux,
Pour relever ta tête blonde,

« Que veux-tu, bel enfant? que te faut-il donner
Pour rattacher gaîment et gaîment ramener
En boucles sur ta blanche épaule
Ces cheveux qui du fer n'ont pas subi l'affront
Et qui pleurent épars autour de ton beau front,
Comme les feuilles sur le saule?

« Qui pourrait dissiper tes chagrins nébuleux?
Est-ce d'avoir ce lis, bleu comme tes yeux bleus,

Qui d'Iran borde le puits sombre,
Ou le fruit du tuba, de cet arbre si grand,
Qu'un cheval au galop met toujours en courant
Cent ans à sortir de son ombre?

« Veux-tu, pour me sourire, un bel oiseau des bois
Qui chante avec un chant plus doux que le hautbois,
Plus éclatant que les cymbales?
Que veux-tu : fleur, beau fruit, ou l'oiseau merveilleux?
— Ami, dit l'enfant grec, dit l'enfant aux yeux bleus,
Je veux de la poudre et des balles. »

Juin 1828.

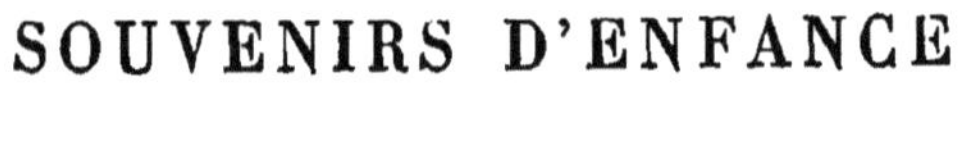

SOUVENIRS D'ENFANCE

SOUVENIRS D'ENFANCE
IV

XXXIII

AUX FEUILLANTINES.

Mes deux frères et moi, nous étions tout enfants.
Notre mère disait : « Jouez, mais je défends
Qu'on marche dans les fleurs et qu'on monte aux échelles. »

Abel était l'aîné, j'étais le plus petit.
Nous mangions notre pain de si bon appétit,
Que les femmes riaient quand nous passions près d'elles.

Nous montions pour jouer au grenier du couvent.
Et, là, tout en jouant, nous regardions souvent,
Sur le haut d'une armoire, un livre inaccessible.

Nous grimpâmes un jour jusqu'à ce livre noir ;
Je ne sais pas comment nous fîmes pour l'avoir,
Mais je me souviens bien que c'était une Bible.

Ce vieux livre sentait une odeur d'encensoir.
Nous allâmes, ravis, dans un coin nous asseoir ;
Des estampes partout ! quel bonheur ! quel délire !

Nous l'ouvrîmes alors tout grand sur nos genoux,
Et, dès le premier mot, il nous parut si doux,
Qu'oubliant de jouer nous nous mîmes à lire.

Nous lûmes tous les trois ainsi tout le matin,
Joseph, Ruth et Booz, le bon Samaritain,
Et, toujours plus charmés, le soir nous le relûmes.

Tels des enfants, s'ils ont pris un oiseau des cieux,
S'appellent en riant et s'étonnent, joyeux,
De sentir dans leur main la douceur de ses plumes.

Marine-Terrace, août 1855.

XXXIV

MA MÈRE.

. . . .

C'était l'été : vers l'heure où la lune se lève,
Par un de ces beaux soirs qui ressemblent au jour,
Avec moins de clarté, mais avec plus d'amour,
Dans son parc, où jouaient le rayon et la brise,
Elle errait, toujours triste et toujours indécise,
Questionnant tout bas l'eau, le ciel, la forêt,
Écoutant au hasard les voix qu'elle entendrait.
C'est dans ces moments-là que le jardin paisible,
La broussaille où remue un insecte invisible,

Le scarabée ami des feuilles, le lézard
Courant au clair de lune au fond du vieux puisard,
La faïence à fleur bleue où vit la plante grasse,
Le dôme oriental du sombre Val-de-Grâce,
Le cloître du couvent, brisé, mais doux encor ;
Les marronniers, la verte allée aux boutons d'or,
La statue où sans bruit se meut l'ombre des branches,
Les pâles liserons, les pâquerettes blanches,
Les cent fleurs du buisson, de l'arbre, du roseau,
Qui rendent en parfums ses chansons à l'oiseau,
Se mirent dans la mare ou se cachent dans l'herbe,
Ou qui, de l'ébénier chargeant le front superbe,
Au bord des clairs étangs se mêlant au bouleau,
Tremblent en grappes d'or dans les moires de l'eau ;
Et le ciel scintillant derrière les ramées,
Et les toits répandant de charmantes fumées,
C'est dans ces moments-là, comme je vous le dis,
Que tout ce beau jardin, radieux paradis,
Tous ces vieux murs croulants, toutes ces jeunes roses,
Tous ces objets pensifs, toutes ces douces choses,
Parlèrent à ma mère avec l'onde et le vent,
Et lui dirent tout bas : « Laisse-nous cet enfant !
Laisse-nous cet enfant, pauvre mère troublée,

Cette prunelle ardente, ingénue, étoilée,
Cette tête au front pur qu'aucun deuil ne voila,
Cette âme neuve encor, mère, laisse-nous-la!
Ne va pas la jeter au hasard dans la foule.
La foule est un torrent qui brise ce qu'il roule.
Ainsi que les oiseaux, les enfants ont leurs peurs.
Laisse à notre air limpide, à nos moites vapeurs,
A nos soupirs, légers comme l'aile d'un songe,
Cette bouche où jamais n'a passé le mensonge,
Ce sourire naïf que sa candeur défend!
O mère au cœur profond, laisse-nous cet enfant!
Nous ne lui donnerons que de bonnes pensées.
Nous changerons en jour ses lueurs commencées;
Dieu deviendra visible à ses yeux enchantés;
Car nous sommes les fleurs, les rameaux, les clartés,
Nous sommes la nature et la source éternelle
Où toute soif s'épanche, où se lave toute aile;
Et les bois et les champs, du sage seul compris,
Font l'éducation de tous les grands esprits!
Laisse croître l'enfant parmi nos bruits sublimes.
Nous le pénétrerons de ces parfums intimes
Nés du souffle céleste, épars dans tout beau lieu,
Qui font sortir de l'homme et monter jusqu'à Dieu,

Comme le chant d'un luth, comme l'encens d'un vase,
L'espérance, l'amour, la prière et l'extase !
Nous pencherons ses yeux vers l'ombre d'ici-bas,
Vers le secret de tout entr'ouvert sous ses pas.
D'enfant nous le ferons homme, et d'homme poëte.
Pour former de ses sens la corolle inquiète,
C'est nous qu'il faut choisir; et nous lui montrerons
Comment de l'aube au soir, du chêne aux moucherons,
Emplissant tout, reflets, couleurs, brumes, haleines,
La vie aux mille aspects rit dans les vertes plaines.
Nous te le rendrons simple et des cieux ébloui ;
Et nous ferons germer de toutes parts en lui
Pour l'homme, triste effet perdu sous tant de causes,
Cette pitié qui naît du spectacle des choses !
Laisse-nous cet enfant! nous lui ferons un cœur
Qui comprendra la femme; un esprit non moqueur,
Où naîtront aisément le songe et la chimère,
Qui prendra Dieu pour livre et les champs pour grammaire;
Une âme, pur foyer de secrètes faveurs,
Qui luira doucement sur tous les fronts rêveurs,
Et, comme le soleil dans les fleurs fécondées,
Jettera des rayons sur toutes les idées ! »
Ainsi parlaient, à l'heure où la ville se tait,

L'astre, la plante et l'arbre, — et ma mère écoutait.
Enfants ! ont-ils tenu leur promesse sacrée ?
Je ne sais. Mais je sais que ma mère adorée
Les crut, et, m'épargnant d'ennuyeuses prisons,
Confia ma jeune âme à leurs douces leçons.

Dès lors, en attendant la nuit, l'heure où l'étude
Rappelait ma pensée à sa grave attitude,
Tout le jour, libre, heureux, seul sous le firmament,
Je pus errer à l'aise en ce jardin charmant,
Contemplant les fruits d'or, l'eau rapide ou stagnante,
L'étoile épanouie et la fleur rayonnante,
Et les prés et les bois, que mon esprit le soir
Revoyait dans Virgile ainsi qu'en un miroir.

Enfants ! aimez les champs, les vallons, les fontaines,
Les chemins que le soir emplit de voix lointaines,
Et l'onde et le sillon, flanc jamais assoupi,
Où germe la pensée à côté de l'épi.
Prenez-vous par la main et marchez dans les herbes.
Regardez ceux qui vont liant les blondes gerbes ;
Épelez dans le ciel plein de lettres de feu,
Et, quand un oiseau chante, écoutez parler Dieu.

La vie avec le choc des passions contraires
Vous attend ; soyez bons, soyez vrais, soyez frères ;
Unis contre le monde où l'esprit se corrompt,
Lisez au même livre en vous touchant du front ;
Et n'oubliez jamais que l'âme humble et choisie,
Faite pour la lumière et pour la poésie,
Que les cœurs où Dieu met des échos sérieux
Pour tous les bruits qu'anime un sens mystérieux,
Dans un cri, dans un son, dans un vague murmure,
Entendent les conseils de toute la nature !

Mai 1839.

XXXV

. . . .

Pourquoi devant mes yeux revenez-vous sans cesse,
O jours de mon enfance et de mon allégresse ?
Qui donc toujours vous rouvre en nos cœurs presque éteints,
O lumineuse fleur des souvenirs lointains ?

Oh ! que j'étais heureux ! oh ! que j'étais candide !
En classe, un banc de chêne, usé, lustré, splendide,
Une table, un pupitre, un lourd encrier noir,
Une lampe, humble sœur de l'étoile du soir,

M'accueillaient gravement et doucement. Mon maître,
Comme je vous l'ai dit souvent, était un prêtre
A l'accent calme et bon, au regard réchauffant,
Naïf comme un savant, malin comme un enfant,
Qui m'embrassait, disant, car un éloge excite :
« Quoiqu'il n'ait que neuf ans, il explique Tacite. »
Puis, près d'Eugène, esprit qu'hélas ! Dieu submergea,
Je travaillais dans l'ombre, — et je songeais déjà.
Tandis que j'écrivais, — sans peur, mais sans système,
Versant le barbarisme à grands flots sur le thème,
Inventant aux auteurs des sens inattendus,
Le dos courbé, le front touchant presque au Gradus, —
Je croyais, car toujours l'esprit de l'enfant veille,
Ouïr confusément, tout près de mon oreille,
Les mots grecs et latins, bavards et familiers,
Barbouillés d'encre, et gais comme des écoliers,
Chuchoter comme font les oiseaux dans une aire
Entre les noirs feuillets du lourd dictionnaire ;
Bruits plus doux que le bruit d'un essaim qui s'enfuit,
Souffles plus étouffés qu'un soupir de la nuit,
Qui faisaient, par instants, sous les fermoirs de cuivre,
Frissonner vaguement les pages du vieux livre !
Le devoir fait, légers comme de jeunes daims,

Nous fuyions à travers les immenses jardins,
Éclatant à la fois en cent propos contraires.
Moi, d'un pas inégal je suivais mes grands frères ;
Et les astres sereins s'allumaient dans les cieux,
Et les mouches volaient dans l'air silencieux,
Et le doux rossignol, chantant dans l'ombre obscure,
Enseignait la musique à toute la nature,
Tandis qu'enfant jaseur, aux gestes étourdis,
Jetant partout mes yeux ingénus et hardis
D'où jaillissait la joie en vives étincelles,
Je portais sous mon bras, noués par trois ficelles,
Horace et les festins, Virgile et les forêts,
Tout l'Olympe, Thésée, Hercule, et toi, Cérès,
La cruelle Junon, Lerne et l'hydre enflammée,
Et le vaste lion de la roche Némée.

Mais, lorsque j'arrivais chez ma mère, souvent,
Grâce au hasard taquin qui joue avec l'enfant,
J'avais de grands chagrins et de grandes colères.
Je ne retrouvais plus, près des ifs séculaires,
Le beau petit jardin par moi-même arrangé.
Un gros chien en passant avait tout ravagé ;
Ou quelqu'un dans ma chambre avait ouvert mes cages,

Et mes oiseaux étaient partis pour les bocages,
Et, joyeux, s'en étaient allés de fleur en fleur
Chercher la liberté bien loin, — ou l'oiseleur.
Ciel ! alors j'accourais, rouge, éperdu, rapide,
Maudissant le grand chien, le jardinier stupide,
Et l'infâme oiseleur, et son hideux lacet,
Furieux ! — D'un regard ma mère m'apaisait.

. . . .

Avril 1840.

XXXVI

A EUGÈNE VICOMTE HUGO.

Puisqu'il plut au Seigneur de te briser, poëte,
Puisqu'il plut au Seigneur de comprimer ta tête
De son doigt souverain,
D'en faire une urne sainte à contenir l'extase,
D'y mettre le génie et de sceller ce vase
Avec un sceau d'airain;

Puisque le Seigneur Dieu t'accorda, noir mystère !
Un puits pour ne point boire, une voix pour te taire,
Et souffla sur ton front,
Et, comme une nacelle errante et d'eau remplie,
Fit rouler ton esprit à travers la folie,
Cet océan sans fond ;

Puisqu'il voulut ta chute, et que la mort glacée,
Seule, te fit revivre en rouvrant ta pensée
Pour un autre horizon ;
Puisque Dieu, t'enfermant dans la cage charnelle,
Pauvre aigle, te donna l'aile et non la prunelle,
L'âme et non la raison ;

Tu pars du moins, mon frère, avec ta robe blanche !
Tu retournes à Dieu comme l'eau qui s'épanche
Par son poids naturel !
Tu retournes à Dieu, tête de candeur pleine,
Comme y va la lumière et comme y va l'haleine
Qui des fleurs monte au ciel !

Tu n'as rien dit de mal, tu n'as rien fait d'étrange.
Comme une vierge meurt, comme s'envole un ange,

Jeune homme, tu t'en vas!
Rien n'a souillé ta main ni ton cœur; dans ce monde
Où chacun court, se hâte, et forge, et crie, et gronde,
A peine tu rêvas!

Comme le diamant, quand le feu le vient prendre,
Disparaît tout entier, et sans laisser de cendre,
Au regard ébloui,
Comme un rayon s'enfuit sans rien jeter de sombre,
Sur la terre après toi tu n'as pas laissé d'ombre,
Esprit évanoui!

Doux et blond compagnon de toute mon enfance,
Oh! dis-moi, maintenant, frère marqué d'avance
Par un morne avenir;
Maintenant que la mort a rallumé ta flamme,
Maintenant que la mort a réveillé ton âme,
Tu dois te souvenir!

Tu dois te souvenir de nos jeunes années!
Quand les flots transparents de nos deux destinées
Se côtoyaient encor,
Lorsque Napoléon flamboyait comme un phare,

Et qu'enfants nous prêtions l'oreille à sa fanfare
Comme une meute au cor !

Tu dois te souvenir des vertes Feuillantines,
Et de la grande allée où nos voix enfantines,
Nos purs gazouillements,
Ont laissé dans les coins des murs, dans les fontaines,
Dans le nid des oiseaux et dans le creux des chênes,
Tant d'échos si charmants !

O temps ! jours radieux ! aube trop tôt ravie !
Pourquoi Dieu met-il donc le meilleur de la vie
Tout au commencement ?
Nous naissions ! on eût dit que le vieux monastère
Pour nous voir rayonner ouvrait avec mystère
Son doux regard dormant.

T'en souviens-tu, mon frère ? après l'heure d'étude,
Oh ! comme nous courions dans cette solitude !
Sous les arbres blottis,
Nous avions, en chassant quelque insecte qui saute,
L'herbe jusqu'aux genoux, car l'herbe était bien haute,
Nos genoux bien petits.

Vives têtes d'enfants par la course effarées,
Nous poursuivions dans l'air cent ailes bigarrées.
Le soir, nous étions las ;
Nous revenions, jouant avec tout ce qui joue,
Frais, joyeux, et tous deux baisés à pleine joue
Par notre mère, hélas !

Elle grondait : « Voyez comme ils sont faits, ces hommes !
Les monstres ! ils auront cueilli toutes nos pommes.
Pourtant nous les aimons.
Madame, les garçons sont le souci des mères !
Car ils ont la fureur de courir dans les pierres
Comme font les démons ! »

Puis un même sommeil, nous berçant comme un hôte,
Tous deux au même lit nous couchait côte à côte ;
Puis un même réveil.
Puis, trempé dans un lait sorti chaud de l'étable,
Le même pain faisait rire à la même table
Notre appétit vermeil !

Et nous recommencions nos jeux, cueillant par gerbe
Les fleurs, tous les bouquets qui réjouissent l'herbe,

Le lis à Dieu pareil,
Surtout ces fleurs de flamme et d'or qu'on voit, si belles,
Luire à terre en avril comme des étincelles
Qui tombent du soleil !

On nous voyait tous deux, gaîté de la famille,
Le front épanoui, courir sous la charmille,
L'œil de joie enflammé... —
Hélas ! hélas ! quel deuil pour ma tête orpheline !
Tu vas donc désormais dormir sur la colline,
Mon pauvre bien-aimé !

. . . .

Mars 1837.

XXXVII

J'eus toujours de l'amour pour les choses ailées.
Lorsque j'étais enfant, j'allais sous les feuillées.
J'y prenais dans les nids de tout petits oiseaux;
D'abord, je leur faisais des cages de roseaux
Où je les élevais parmi des mousses vertes.
Plus tard je leur laissais les fenêtres ouvertes,
Ils ne s'envolaient point; ou, s'ils fuyaient aux bois,
Quand je les rappelais, ils venaient à ma voix.
Une colombe et moi, longtemps nous nous aimâmes.
Maintenant je sais l'art d'apprivoiser les âmes.

Avril 1840.

LES MÈRES

LES MÈRES
V

XXXVIII

Mères, l'enfant qui joue à votre seuil joyeux,
Plus frêle que les fleurs, plus serein que les cieux,
Vous conseille l'amour, la pudeur, la sagesse.
L'enfant, c'est un feu pur dont la chaleur caresse ;
C'est de la gaîté sainte et du bonheur sacré ;
C'est le nom paternel dans un rayon doré ;
Et vous n'avez besoin que de cette humble flamme
Pour voir distinctement dans l'ombre de votre âme.

Mères, l'enfant qu'on pleure et qui s'en est allé,
Si vous levez vos fronts vers le ciel constellé,
Verse à votre douleur une lumière auguste;
Car l'innocent éclaire aussi bien que le juste!
Il montre, clarté douce, à vos yeux abattus,
Derrière notre orgueil, derrière nos vertus,
Derrière la nuit noire où l'âme en deuil s'exile,
Derrière nos malheurs, Dieu profond et tranquille.
Que l'enfant vive ou dorme, il rayonne toujours!
Sur cette terre où rien ne va loin sans secours,
Où nos jours incertains sur tant d'abîmes pendent,
Comme un guide au milieu des brumes que répandent
Nos vices ténébreux et nos doutes moqueurs,
Vivant, l'enfant fait voir le devoir à vos cœurs;
Mort, c'est la vérité qu'à votre âme il dévoile.
Ici, c'est un flambeau; là-haut, c'est une étoile.

Mars 1840.

XXXIX

. . . .

Vois, couvant des yeux son trésor,
La mère contempler, ravie,
Son enfant, cœur sans ombre encor,
Vase que remplira la vie !

. . . .

Mai 183...

XL

. . . .

Oh! l'amour d'une mère! — amour que nul n'oublie!
Pain merveilleux qu'un Dieu partage et multiplie!
Table toujours servie au paternel foyer!
Chacun en a sa part, et tous l'ont tout entier!

. . . .

Juin 1830.

XLI

Regardez : les enfants se sont assis en rond.
Leur mère est à côté, leur mère au jeune front
Qu'on prend pour une sœur aînée ;
Inquiète, au milieu de leurs jeux ingénus,
De sentir s'agiter leurs chiffres inconnus
Dans l'urne de la destinée,

Près d'elle naît leur rire et finissent leurs pleurs.
Et son cœur est si pur et si pareil aux leurs,
Et sa lumière est si choisie,
Qu'en passant à travers les rayons de ses jours,
La vie aux mille soins, laborieux et lourds,
Se transfigure en poésie !

Toujours elle les suit, veillant et regardant :
Soit que janvier rassemble au coin de l'âtre ardent
Leur joie aux plaisirs occupée ;
Soit qu'un doux vent de mai, qui ride le ruisseau,
Remue au-dessus d'eux les feuilles, vert monceau
D'où tombe une ombre découpée.

Parfois, lorsque, passant près d'eux, un indigent
Contemple avec envie un beau hochet d'argent
Que sa faim dévorante admire,
La mère est là ; pour faire, au nom du Dieu vivant,
Du hochet une aumône, un ange de l'enfant,
Il ne lui faut qu'un doux sourire !

. . . .

Juin 1834.

XLII

LE REVENANT.

Mères en deuil, vos cris là-haut sont entendus.
Dieu, qui tient dans sa main tous les oiseaux perdus,
Parfois au même nid rend la même colombe.
O mères ! le berceau communique à la tombe.
L'éternité contient plus d'un divin secret.

La mère dont je vais vous parler demeurait
A Blois ; je l'ai connue en un temps plus prospère,
Et sa maison touchait à celle de mon père.
Elle avait tous les biens que Dieu donne ou permet.
On l'avait mariée à l'homme qu'elle aimait.
Elle eut un fils; ce fut une ineffable joie.

Ce premier-né couchait dans un berceau de soie ;
Sa mère l'allaitait ; il faisait un doux bruit
A côté du chevet nuptial ; et, la nuit,
La mère ouvrait son âme aux chimères sans nombre,
Pauvre mère, et ses yeux resplendissaient dans l'ombre,
Quand, sans souffle, sans voix, renonçant au sommeil,
Penchée, elle écoutait dormir l'enfant vermeil.
Dès l'aube, elle chantait, ravie et toute fière.

Elle se renversait sur sa chaise en arrière,
Son fichu laissant voir son sein gonflé de lait,
Et souriait au faible enfant, et l'appelait
Ange, trésor, amour ; et mille folles choses.
Oh ! comme elle baisait ces beaux petits pieds roses !
Comme elle leur parlait ! l'enfant, charmant et nu,
Riait, et, par ses mains sous les bras soutenu,

Joyeux, de ses genoux montait jusqu'à sa bouche !
Tremblant comme le daim qu'une feuille effarouche,
Il grandit. Pour l'enfant, grandir, c'est chanceler.
Il se mit à marcher, il se mit à parler,
Il eut trois ans ; doux âge, où déjà la parole,
Comme le jeune oiseau, bat de l'aile et s'envole.
Et la mère disait : « Mon fils ! » et reprenait :
« Voyez comme il est grand ! il apprend ; il connaît
Ses lettres. C'est un diable ! Il veut que je l'habille
En homme ; il ne veut plus de ses robes de fille ;
C'est déjà très-méchant, ces petits hommes-là !
C'est égal, il lit bien ; il ira loin ; il a
De l'esprit ; je lui fais épeler l'Évangile. »
Et ses yeux adoraient cette tête fragile,
Et, femme heureuse, et mère au regard triomphant,
Elle sentait son cœur battre dans son enfant.

Un jour, — nous avons tous de ces dates funèbres ! —
Le croup, monstre hideux, épervier des ténèbres,
Sur la blanche maison brusquement s'abattit,
Horrible, et, se ruant sur le pauvre petit,
Le saisit à la gorge ; ô noire maladie !
De l'air par qui l'on vit sinistre perfidie !

Qui n'a vu se débattre, hélas! ces doux enfants
Qu'étreint le croup féroce en ses doigts étouffants!
Ils luttent; l'ombre emplit lentement leurs yeux d'ange,
Et de leur bouche froide il sort un râle étrange,
Et si mystérieux, qu'il semble qu'on entend,
Dans leur poitrine, où meurt le souffle haletant,
L'affreux coq du tombeau chanter son aube obscure.
Tel qu'un fruit qui du givre a senti la piqûre,
L'enfant mourut. La mort entra comme un voleur
Et le prit. — Une mère, un père, la douleur,
Le noir cercueil, le front qui se heurte aux murailles,
Les lugubres sanglots qui sortent des entrailles,
Oh! la parole expire où commence le cri;
Silence aux mots humains!

La mère au cœur meurtri,
Pendant qu'à ses côtés pleurait le père sombre,
Resta trois mois sinistre, immobile dans l'ombre,
L'œil fixe, murmurant on ne sait quoi d'obscur,
Et regardant toujours le même angle du mur.
Elle ne mangeait pas; sa vie était sa fièvre;
Elle ne répondait à personne; sa lèvre
Tremblait; on l'entendait, avec un morne effroi,

Qui disait à voix basse à quelqu'un : « Rends-le-moi ! »
Et le médecin dit au père : « Il faut distraire
Ce cœur triste, et donner à l'enfant mort un frère. »
Le temps passa ; les jours, les semaines, les mois.

Elle se sentit mère une seconde fois.

Devant le berceau froid de son ange éphémère,
Se rappelant l'accent dont il disait : « Ma mère, »
Elle songeait, muette, assise sur son lit.
Le jour où, tout à coup, dans son flanc tressaillit
L'être inconnu promis à notre aube mortelle,
Elle pâlit. « Quel est cet étranger? » dit-elle.
Puis elle cria, sombre et tombant à genoux :
« Non, non, je ne veux pas ! non ! tu serais jaloux !
O mon doux endormi, toi que la terre glace,
Tu dirais : « On m'oublie ; un autre a pris ma place ;
« Ma mère l'aime, et rit ; elle le trouve beau,
« Elle l'embrasse, et, moi, je suis dans mon tombeau ! »
Non, non ! »

Ainsi pleurait cette douleur profonde.

Le jour vint; elle mit un autre enfant au monde,
Et le père joyeux cria : « C'est un garçon. »
Mais le père était seul joyeux dans la maison;
La mère restait morne, et la pâle accouchée,
Sur l'ancien souvenir tout entière penchée,
Rêvait; on lui porta l'enfant sur un coussin;
Elle se laissa faire et lui donna le sein;
Et tout à coup, pendant que, farouche, accablée,
Pensant au fils nouveau moins qu'à l'âme envolée,
Hélas! et songeant moins aux langes qu'au linceul,
Elle disait : « Cet ange en son sépulcre est seul! »
— O doux miracle! ô mère au bonheur revenue! —
Elle entendit, avec une voix bien connue,
Le nouveau-né parler dans l'ombre entre ses bras,
Et tout bas murmurer : « C'est moi. Ne le dis pas. »

Août 1843.

XLIII

LA GRAND'MÈRE.

« Dors-tu?... Réveille-toi, mère de notre mère!
D'ordinaire, en dormant, ta bouche remuait;
Car ton sommeil souvent ressemble à ta prière.
Mais, ce soir, on dirait la madone de pierre :
Ta lèvre est immobile et ton souffle est muet.

« Pourquoi courber ton front plus bas que de coutume?
Quel mal t'avons-nous fait pour ne plus nous chérir?
Vois, la lampe pâlit, l'âtre scintille et fume;

Si tu ne parles pas, le feu qui se consume,
Et la lampe, et nous deux, nous allons tous mourir !

« Tu nous trouveras morts près de la lampe éteinte.
Alors, que diras-tu quand tu t'éveilleras ?
Tes enfants à leur tour seront sourds à ta plainte.
Pour nous rendre à la vie, en invoquant ta sainte,
Il faudra bien longtemps nous serrer dans tes bras !

« Donne-nous donc tes mains dans nos mains réchauffées ;
Chante-nous quelque chant de pauvre troubadour.
Dis-nous ces chevaliers qui, servis par les fées,
Pour bouquets à leur dame apportaient des trophées,
Et dont le cri de guerre était un nom d'amour.

« Dis-nous quel divin signe est funeste aux fantômes ;
Quel ermite dans l'air vit Lucifer volant ;
Quel rubis étincelle au front du roi des gnomes ;
Et si le noir démon craint plus, dans ses royaumes,
Les psaumes de Turpin que le fer de Roland.

« Ou montre-nous ta Bible et les belles images,
Le ciel d'or, les saints bleus, les saintes à genoux,
L'enfant Jésus, la crèche, et le bœuf, et les mages ;
Fais-nous lire du doigt, dans le milieu des pages,
Un peu de ce latin qui parle à Dieu de nous.

« Mère !... — Hélas ! par degrés s'affaisse la lumière,
L'ombre joyeuse danse autour du noir foyer,
Les esprits vont peut-être entrer dans la chaumière...
Oh ! sors de ton sommeil, interromps ta prière ;
Toi qui nous rassurais, veux-tu nous effrayer ?

« Dieu ! que tes bras sont froids ! rouvre les yeux... Naguère
Tu nous parlais d'un monde où nous mènent nos pas,
Et de ciel, et de tombe, et de vie éphémère ;
Tu parlais de la mort... Dis-nous, ô notre mère !
Qu'est-ce donc que la mort ? — Tu ne nous réponds pas !... »

Leur gémissante voix longtemps se plaignit seule.
La jeune aube parut sans réveiller l'aïeule.

La cloche frappa l'air de ses funèbres coups ;
Et, le soir, un passant, par la porte entr'ouverte,
Vit, devant le saint livre et la couche déserte,
Les deux petits enfants qui priaient à genoux.

1823.

XLIV

L'enfant chantait; la mère au lit, exténuée,
Agonisait, beau front dans l'ombre se penchant;
La mort au-dessus d'elle errait dans la nuée;
Et j'écoutais ce râle, et j'entendais ce chant.

L'enfant avait cinq ans, et, près de la fenêtre,
Ses rires et ses jeux faisaient un charmant bruit;

Et la mère, à côté de ce pauvre doux être
Qui chantait tout le jour, toussait toute la nuit.

La mère alla dormir sous les dalles du cloître ;
Et le petit enfant se remit à chanter... —
La douleur est un fruit : Dieu ne le fait pas croître
Sur la branche trop faible encor pour le porter.

Paris, janvier 1835.

XLV

TENTANDA VIA EST.

Ne vous effrayez pas, douce mère inquiète
Dont la bonté partout dans la maison s'émiette,
De le voir si petit, si grave et si pensif.
Comme un pauvre oiseau blanc qui, seul sur un récif,
Voit l'Océan vers lui monter du fond de l'ombre,
Il regarde déjà la vie immense et sombre.
Il rêve de la voir s'avancer pas à pas.
O mère au cœur divin, ne vous effrayez pas,

Vous en qui — tant votre âme est un charmant mélange —
L'ange voit un enfant et l'enfant voit un ange.
Allons, mère, sans trouble et d'un air triomphant,
Baisez-moi le grand front de ce petit enfant.
Ce n'est pas un savant, ce n'est pas un prodige,
C'est un songeur; tant mieux. Soyez fière, vous dis-je!
La méditation du génie est la sœur,
Mère, et l'enfant songeur fait un homme penseur,
Et la pensée est tout, et la pensée ardente
Donne à Milton le ciel, donne l'enfer à Dante!
Un jour, il sera grand. L'avenir glorieux
Attend, n'en doutez pas, l'enfant mystérieux
Qui veut savoir comment chaque chose se nomme;
Et questionne tout, un mur autant qu'un homme.
Qui sait si, ramassant à terre et sans effort
Le ciseau colossal de Michel-Ange mort,
Il ne doit pas, livrant au granit des batailles,
Faire au marbre étonné de superbes entailles?
Ou, comme Bonaparte ou bien François Premier,
Prendre, joueur d'échecs, l'Europe pour damier?
Qui sait s'il n'ira point, voguant à toute voile,
Ajoutant à son œil, que l'ombre humaine voile,
L'œil du long télescope au regard effrayant,

Ou l'œil de la pensée encor plus clairvoyant,
Saisir, dans l'azur vaste ou dans la mer profonde,
Un astre comme Herschell, comme Colomb un monde?

Qui sait? Laissez grandir ce petit sérieux.
Il ne voit même pas nos regards curieux,
Peut-être que déjà ce pauvre enfant fragile
Rêve, comme rêvait l'enfant qui fut Virgile,
Au combat qui poursuit le poëte éclatant,
Et qu'il veut aussi, lui, tenter, vaincre, et, sortant
Par un chemin nouveau de la sphère où nous sommes,
Voltiger, nom ailé, sur les bouches des hommes.

Juin 1835.

XLVI

Pauvre femme ! son lait à sa tête est monté.
Et, dans ses froids salons, le monde a répété,
Parmi les vains propos que chaque jour emporte,
Hier, qu'elle était folle, aujourd'hui qu'elle est morte,
Et, seul au champ des morts, je foule ce gazon,
Cette tombe où sa vie a suivi sa raison !

Folle ! morte ! pourquoi ? Mon Dieu, pour peu de chose !
Pour un fragile enfant dont la paupière est close,

Pour un doux nouveau-né, tête aux fraîches couleurs,
Qui naguère à son sein, comme une mouche aux fleurs,
Pendait, riait, pleurait, et, malgré ses prières,
Troublant tout leur sommeil durant des nuits entières,
Faisait mille discours, pauvre petit ami !
Et qui ne dit plus rien, car il est endormi.
Quand elle vit son fils, le soir d'un jour bien sombre,
Car elle l'appelait son fils, cette vaine ombre !
Quand elle vit l'enfant glacé dans sa pâleur,
— Oh ! ne consolez point une telle douleur ! —
Elle ne pleura pas. Le lait avec la fièvre
Soudain troubla sa tête et fit trembler sa lèvre ;
Et, depuis ce jour-là, sans voir et sans parler,
Elle allait devant elle et regardait aller !
Elle cherchait dans l'ombre une chose perdue,
Son enfant disparu dans la vague étendue,
Et par moment penchait son oreille en marchant,
Comme si sous la terre elle entendait un chant !

Une femme du peuple, un jour que dans la rue
Se pressait sur ses pas une foule accourue,
Rien qu'à la voir souffrir devina son malheur.

Les hommes, en voyant ce beau front sans couleur,
Et cet œil froid toujours suivant une chimère,
S'écriaient : « Pauvre folle ! » elle dit : « Pauvre mère ! »

Pauvre mère, en effet ! Un soupir étouffant
Parfois coupait sa voix, qui murmurait : « L'enfant ! »
Parfois elle semblait, dans la cendre enfouie,
Chercher une lueur au ciel évanouie ;
Car la jeune âme enfuie, hélas ! de sa maison,
Avait en s'en allant emporté sa raison !
On avait beau lui dire, en parlant à voix basse,
Que la vie est ainsi ; que tout meurt, que tout passe ;
Et qu'il est des enfants — mères, sachez-le bien ! —
Que Dieu, qui prête tout et qui ne donne rien,
Pour rafraîchir nos fronts avec leurs ailes blanches,
Met comme des oiseaux pour un jour sur nos branches !
On avait beau lui dire, elle n'entendait pas.
L'œil fixe, elle voyait toujours devant ses pas
S'ouvrir les bras charmants de l'enfant qui l'appelle.
Elle avait des hochets fait une humble chapelle.
C'est ainsi qu'elle est morte, en deux mois, sans efforts ;
Car rien n'est plus puissant que ces petits bras morts

Pour tirer promptement les mères dans la tombe.
Où l'enfant est tombé bientôt la femme tombe.
Qu'est-ce qu'une maison dont le seuil est désert?
Qu'un lit sans un berceau? Dieu clément! à quoi sert
Le regard maternel sans l'enfant qui repose?
A quoi bon ce sein blanc sans cette bouche rose?

Après avoir longtemps, le cœur mort, les yeux morts,
Erré sur le tombeau comme étant en dehors,
— Longtemps! ce sont ici des paroles humaines,
Hélas! il a suffi de bien peu de semaines! —
Malheureuse! en deux mois tout s'est évanoui.
Hier elle était folle, elle est morte aujourd'hui!

Il suffit qu'un oiseau vienne sur une rive
Pour qu'un deuxième oiseau tout en hâte l'y suive.
Sur deux, il en est un qui toujours va devant.
Après avoir à peine ouvert son aile au vent,
Il vint, le bel enfant, s'abattre sur la tombe;
Elle y vient après lui comme une autre colombe.

On a creusé la terre, et là, sous le gazon,
On a mis la nourrice auprès du nourrisson,
Et, moi, je dis : — Seigneur ! votre règle est austère !
Seigneur ! vous avez mis partout un noir mystère,
Dans l'homme et dans l'amour, dans l'arbre et dans l'oiseau,
Et jusque dans ce lait que réclame un berceau,
Ambroisie et poison, doux miel, liqueur amère,
Fait pour nourrir l'enfant ou pour tuer la mère !

Février 1837.

LES DEUILS ET LES TOMBES

DEUILS ET TOMBES
VI

XLVII

L'OMBRE D'UN ENFANT.

Oh ! parmi les soleils, les sphères, les étoiles,
Les portiques d'azur, les palais de saphir,
Parmi les saints rayons, parmi les sacrés voiles
Qu'agite un éternel zéphyr ;

Dans le torrent d'amour où toute âme se noie,
Où s'abreuve de feux le séraphin brûlant ;
Dans l'orbe flamboyant qui sans cesse tournoie
Autour du trône étincelant ;

Parmi les jeux sans fin des âmes enfantines ;
Quand leurs soins, d'un vieil astre, égaré dans les cieux,
Avec de longs efforts et des voix argentines,
Guident les chancelants essieux ;

Ou lorsqu'entre ses bras quelque vierge ravie
Les prend, d'un saint baiser leur imprime le sceau,
Et rit, leur demandant si l'aspect de la vie
Les effrayait dans leur berceau ;

Ou qu'enfin, dans son arche éclatante et profonde,
Rangeant de cieux en cieux son cortége ébloui,
Jésus, pour accomplir ce qui fut dit au monde,
Les place le plus près de lui ;

Oh ! dans ce monde auguste où rien n'est éphémère,
Dans ces flots de bonheur que ne trouble aucun fiel,
Enfant ! loin du sourire et des pleurs de ta mère,
N'es-tu pas orphelin au ciel ?

Octobre 1825.

XLVIII

ÉCRIT SUR LE TOMBEAU D'UN PETIT ENFANT

AU BORD DE LA MER.

Vieux lierre, frais gazon, herbe, roseaux, corolles ;
Eglise où l'esprit voit le Dieu qu'il rêve ailleurs ;
Mouches qui murmurez d'ineffables paroles
A l'oreille du pâtre assoupi dans les fleurs ;

Vents, flots, hymne orageux, chœur sans fin, voix sans nombre,
Bois qui faites songer le passant sérieux ;
Fruits qui tombez de l'arbre impénétrable et sombre ;
Étoiles qui tombez du ciel mystérieux ;

Oiseaux aux cris joyeux, vague aux plaintes profondes ;
Froid lézard des vieux murs dans les pierres tapi ;
Plaines qui répandez vos souffles sur les ondes ;
Mer où la perle éclôt, terre où germe l'épi ;

Nature d'où tout sort, nature où tout retombe,
Feuilles, nids, doux rameaux que l'air n'ose effleurer,
Ne faites pas de bruit autour de cette tombe ;
Laissez l'enfant dormir et la mère pleurer !

1823.

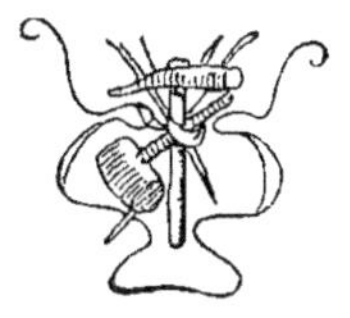

XLIX

A LA MÈRE DE L'ENFANT MORT.

Oh ! vous aurez trop dit au pauvre petit ange
Qu'il est d'autres anges là-haut,
Que rien ne souffre au ciel, que jamais rien n'y change,
Qu'il est doux d'y rentrer bientôt ;

Que le ciel est un dôme aux merveilleux pilastres,
Une tente aux riches couleurs,
Un jardin bleu rempli de lis qui sont des astres,
Et d'étoiles qui sont des fleurs;

Que c'est un lieu joyeux plus qu'on ne saurait dire,
Où toujours, se laissant charmer,
On a les chérubins pour jouer et pour rire,
Et le bon Dieu pour nous aimer;

Qu'il est doux d'être un cœur qui brûle comme un cierge,
Et de vivre, en toute saison,
Près de l'enfant Jésus et de la sainte Vierge,
Dans une si belle maison!

Et puis vous n'aurez pas assez dit, pauvre mère,
A ce fils si frêle et si doux,
Que vous étiez à lui dans cette vie amère,
Mais aussi qu'il était à vous;

Que, tant qu'on est petit, la mère sur nous veille,
Mais que, plus tard, on la défend;

Et qu'elle aura besoin, quand elle sera vieille,
D'un homme qui soit son enfant ;

Vous n'aurez point assez dit à cette jeune âme,
Que Dieu veut qu'on reste ici-bas,
La femme guidant l'homme et l'homme aidant la femme,
Pour les douleurs et les combats ;

Si bien qu'un jour, ô deuil ! irréparable perte !
Le doux être s'en est allé !... —
Hélas ! vous avez donc laissé la cage ouverte,
Que votre oiseau s'est envolé ?

Avril 1843.

L

ÉPITAPHE.

Il vivait, il jouait, riante créature.
Que te sert d'avoir pris cet enfant, ô nature?
N'as-tu pas les oiseaux peints de mille couleurs,
Les astres, les grands bois, le ciel bleu, l'onde amère?
Que te sert d'avoir pris cet enfant à sa mère,
Et de l'avoir caché sous des touffes de fleurs?

Pour cet enfant de plus, tu n'es pas plus peuplée,
Tu n'es pas plus joyeuse, ô nature étoilée!

Et le cœur de la mère en proie à tant de soins,
Ce cœur où toute joie engendre une torture,
Cet abîme aussi grand que toi-même, ô nature,
Est vide et désolé pour cet enfant de moins!

Mai 1843.

LI

Quel âge hier? Vingt ans. Et quel âge aujourd'hui?
L'éternité! Ce front pendant une heure a lui.
Elle avait les doux chants et les grâces superbes;
Elle semblait porter de radieuses gerbes;
Rien qu'à la voir passer, on lui disait : Merci!
Qu'est-ce donc que la vie, hélas! pour mettre ainsi
Les êtres les plus purs et les meilleurs en fuite?
Et, moi, je l'avais vue encor toute petite.
Elle me disait vous, et je lui disais tu.
Son accent ineffable avait cette vertu
De faire en mon esprit, douces voix éloignées,
Chanter le vague chœur de mes jeunes années.

Il n'a brillé qu'un jour, ce beau front ingénu
Elle était fiancée à l'hymen inconnu.
A qui mariez-vous, mon Dieu, toutes ces vierges?
Un vague et pur reflet de la lueur des cierges
Flottait dans son regard céleste et rayonnant;
Elle était grande, et blanche, et gaie; et, maintenant,
Allez à Saint-Mandé, cherchez dans le champ sombre,
Vous trouverez le lit de sa noce avec l'ombre;
Vous trouverez la tombe où gît ce lis vermeil!
Et c'est là que tu fais ton éternel sommeil,
Toi qui, dans ta beauté naïve et recueillie,
Mêlais à la madone auguste d'Italie
La Flamande qui rit à travers les houblons,
Douce Claire aux yeux noirs avec des cheveux blonds!

Elle s'en est allée avant d'être une femme,
N'étant qu'un ange encor; le ciel a pris son âme
Pour la rendre en rayons à nos regards en pleurs,
Et l'herbe, sa beauté, pour nous la rendre en fleurs.

Les êtres étoilés que nous nommons archanges
La bercent dans leurs bras au milieu des louanges.

Et, parmi les clartés, les lyres, les chansons,
D'en haut elle sourit à nous qui gémissons.
Elle sourit, et dit aux anges sous leurs voiles :
« Est-ce qu'il est permis de cueillir des étoiles? »
Et chante, et, se voyant elle-même flambeau,
Murmure dans l'azur : « Comme le ciel est beau ! »
Mais cela ne fait rien à sa mère qui pleure;
La mère ne veut pas que son doux enfant meure
Et s'en aille, laissant ses fleurs sur le gazon,
Hélas ! et le silence au seuil de la maison !

. . . .

Juin 1854.

LII

. . . .

Enfant qui rayonnais, qui chassais la tristesse,
Que ta mère jadis berçait de sa chanson,
Qui d'abord la charmas avec ta petitesse
Et, plus tard, lui remplis de clarté l'horizon,

Voilà donc que tu dors sous cette pierre grise !
Voilà que tu n'es plus, ayant à peine été !
L'astre attire le lis, et te voilà reprise,
O vierge, par l'azur, cette virginité !

. . . .

En te voyant si calme et toute lumineuse,
Les cœurs les plus saignants ne haïssaient plus rien.
Tu passais parmi nous comme Ruth la glaneuse,
Et, comme Ruth l'épi, tu ramassais le bien.

La nature, ô front pur, versait sur toi sa grâce,
L'aurore sa candeur, et les champs leur bonté;
Et nous retrouvions, nous sur qui la douleur passe,
Toute cette douceur dans toute ta beauté!

Chaste, elle paraissait ne pas être autre chose
Que la forme qui sort des cieux éblouissants;
Et de tous les rosiers elle semblait la rose,
Et de tous les amours elle semblait l'encens.

. . . .

On sentait qu'elle avait peu de temps sur la terre
Qu'elle n'apparaissait que pour s'évanouir,
Et qu'elle acceptait peu sa vie involontaire;
Et la tombe semblait par moments l'éblouir.

Elle a passé dans l'ombre où l'homme se résigne ;
Le vent sombre soufflait ; elle a passé sans bruit,
Belle, candide, ainsi qu'une plume de cygne
Qui reste blanche, même en traversant la nuit !

Elle s'en est allée à l'aube qui se lève,
Lueur dans le matin, vertu dans le ciel bleu,
Bouche qui n'a connu que le baiser du rêve,
Ame qui n'a dormi que dans le lit de Dieu !
. . . .

Quand nous en irons-nous où vous êtes, colombes ?
Où sont les enfants morts et les printemps enfuis,
Et tous les chers amours dont nous sommes les tombes,
Et toutes les clartés dont nous sommes les nuits ?

Vers ce grand ciel clément où sont tous les dictames,
Les aimés, les absents, les êtres purs et doux,
Les baisers des esprits et les regards des âmes,
Quand nous en irons-nous ? quand nous en irons-nous ?

Quand nous en irons-nous où sont l'aube et la foudre?
Quand verrons-nous, déjà libres, hommes encor,
Notre chair ténébreuse en rayons se dissoudre,
Et nos pieds, faits de nuit, éclore en ailes d'or?

Quand nous enfuirons-nous dans la joie infinie
Où les hymnes vivants sont des anges voilés,
Où l'on voit, à travers l'azur de l'harmonie,
La strophe bleue errer sur les luths étoilés?

Quand viendrez-vous chercher notre humble cœur qui sombre?
Quand nous reprendrez-vous à ce monde charnel,
Pour nous bercer ensemble aux profondeurs de l'ombre,
Sous l'éblouissement du regard éternel?

Décembre 1846.

PAUCA MEÆ

PAUCA MEÆ
VII

LIII

. . . .

Oh ! je fus comme fou dans le premier moment.

Hélas! et je pleurai trois jours amèrement.

Vous tous à qui Dieu prit votre chère espérance,
Pères, mères, dont l'âme a souffert ma souffrance,
Tout ce que j'éprouvais, l'avez-vous éprouvé ?
Je voulais me briser le front sur le pavé ;
Puis je me révoltais, et, par moments, terrible,
Je fixais mes regards sur cette chose horrible,
Et je n'y croyais pas, et je m'écriais : « Non !
— Est-ce que Dieu permet de ces malheurs sans nom
Qui font que dans le cœur le désespoir se lève? »
Il me semblait que tout n'était qu'un affreux rêve,
Qu'elle ne pouvait pas m'avoir ainsi quitté,
Que je l'entendais rire en la chambre à côté,
Que c'était impossible enfin qu'elle fût morte,
Et que j'allais la voir entrer par cette porte !

Oh ! que de fois j'ai dit : « Silence ! elle a parlé !
Tenez, voici le bruit de sa main sur la clé !
Attendez, elle vient ! laissez-moi, que j'écoute !
Car elle est quelque part dans la maison sans doute ! »

Jersey, 4 septembre 1852.

LIV

O souvenirs ! printemps ! aurore !
Doux rayon triste et réchauffant !
— Lorsqu'elle était petite encore,
Que sa sœur était tout enfant... —

Connaissez-vous, sur la colline
Qui joint Montlignon à Saint-Leu,

Une terrasse qui s'incline
Entre un bois sombre et le ciel bleu?

C'est là que nous vivions. — Pénètre,
Mon cœur, dans ce passé charmant! —
Je l'entendais sous ma fenêtre
Jouer le matin doucement.

Elle courait dans la rosée,
Sans bruit, de peur de m'éveiller;
Moi, je n'ouvrais pas ma croisée,
De peur de la faire envoler.

Ses frères riaient... — Aube pure!
Tout chantait sous ces frais berceaux,
Ma famille avec la nature,
Mes enfants avec les oiseaux! —

Je toussais, on devenait brave;
Elle montait à petits pas,

Et me disait d'un air très-grave :
« J'ai laissé les enfants en bas. »

Qu'elle fût bien ou mal coiffée,
Que mon cœur fût triste ou joyeux,
Je l'admirais. C'était ma fée,
Et le doux astre de mes yeux !

Nous jouions toute la journée.
O jeux charmants ! chers entretiens !
Le soir, comme elle était l'aînée,
Elle me disait : « Père, viens !

« Nous allons t'apporter ta chaise
Conte-nous une histoire, dis ! » —
Et je voyais rayonner d'aise
Tous ces regards du paradis.

Alors, prodiguant les carnages,
J'inventais un conte profond

Dont je trouvais les personnages
Parmi les ombres du plafond.

Toujours, ces quatre douces têtes
Riaient, comme à cet âge on rit,
De voir d'affreux géants très-bêtes
Vaincus par des nains pleins d'esprit.

J'étais l'Arioste et l'Homère
D'un poëme éclos d'un seul jet;
Pendant que je parlais, leur mère
Les regardait rire, et songeait.

Leur aïeul, qui lisait dans l'ombre
Sur eux parfois levait les yeux,
Et, moi, par la fenêtre sombre,
J'entrevoyais un coin des cieux!

Villequier, 4 septembre 1846.

LV

Elle avait pris ce pli, dans son âge enfantin,
De venir dans ma chambre un peu chaque matin ;
Je l'attendais ainsi qu'un rayon qu'on espère.
Elle entrait et disait : « Bonjour, mon petit père ; »
Prenait ma plume, ouvrait mes livres, s'asseyait
Sur mon lit, dérangeait mes papiers, et riait,
Puis soudain s'en allait comme un oiseau qui passe.
Alors, je reprenais, la tête un peu moins lasse,
Mon œuvre interrompue, et, tout en écrivant,
Parmi mes manuscrits je rencontrais souvent
Quelque arabesque folle et qu'elle avait tracée,
Et mainte page blanche entre ses mains froissée

Où, je ne sais comment, venaient mes plus doux vers.
Elle aimait Dieu, les fleurs, les astres, les prés verts,
Et c'était un esprit avant d'être une femme.
Son regard reflétait la clarté de son âme.
Elle me consultait sur tout à tous moments.
Oh ! que de soirs d'hivers radieux et charmants,
Passés à raisonner langue, histoire et grammaire,
Mes quatre enfants groupés sur mes genoux, leur mère
Tout près, quelques amis causant au coin du feu !
J'appelais cette vie être content de peu !
Et dire qu'elle est morte ! hélas ! que Dieu m'assiste !
Je n'étais jamais gai quand je la sentais triste ;
J'étais morne au milieu du bal le plus joyeux
Si j'avais, en partant, vu quelque ombre en ses yeux.

Novembre 1846, jour des Morts.

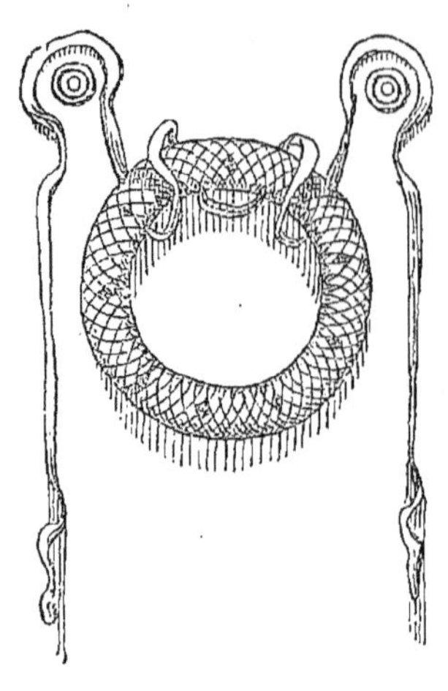

LVI

Quand nous habitions tous ensemble
Sur nos collines d'autrefois,
Où l'eau court, où le buisson tremble,
Dans la maison qui touche aux bois,

Elle avait dix ans, et moi trente;
J'étais pour elle l'univers.
— Oh! comme l'herbe est odorante
Sous les arbres profonds et verts! —

Elle faisait mon sort prospère,
Mon travail léger, mon ciel bleu.

Lorsqu'elle me disait : « Mon père, »
Tout mon cœur s'écriait : « Mon Dieu ! »

A travers mes songes sans nombre,
J'écoutais son parler joyeux,
Et mon front s'éclairait dans l'ombre
A la lumière de ses yeux.

Elle avait l'air d'une princesse
Quand je la tenais par la main ;
Elle cherchait des fleurs sans cesse
Et des pauvres dans le chemin.

Elle donnait comme on dérobe,
En se cachant aux yeux de tous.
Oh ! la belle petite robe
Qu'elle avait, vous rappelez-vous?

Le soir, auprès de ma bougie,
Elle jasait à petit bruit,

Tandis qu'à la vitre rougie
Heurtaient les papillons de nuit.

Les anges se miraient en elle.
Que son bonjour était charmant!
Le ciel mettait dans sa prunelle
Ce regard qui jamais ne ment.

Oh! je l'avais, si jeune encore.
Vue apparaître en mon destin!
C'était l'enfant de mon aurore,
Et mon étoile du matin!

Quand la lune claire et sereine
Brillait aux cieux, dans ces beaux mois,
Comme nous allions dans la plaine!
Comme nous courions dans les bois!

Puis, vers la lumière isolée
Étoilant le logis obscur,

Nous revenions par la vallée
En tournant le coin du vieux mur;

Nous revenions, cœurs pleins de flamme,
En parlant des choses du ciel.
Je composais cette jeune âme
Comme l'abeille fait son miel.

Doux ange aux candides pensées,
Elle était gaie en arrivant... —
Toutes ces choses sont passées
Comme l'ombre et comme le vent.

Villequier, 4 septembre 1844.

LVII

A VILLEQUIER.

Maintenant que Paris, ses pavés et ses marbres,
Et sa brume et ses toits sont bien loin de mes yeux;

Maintenant que je suis sous les branches des arbres,
Et que je puis songer à la beauté des cieux ;

Maintenant que du deuil qui m'a fait l'âme obscure
Je sors, pâle et vainqueur,
Et que je sens la paix de la grande nature
Qui m'entre dans le cœur ;

Maintenant que je puis, assis au bord des ondes,
Ému par ce superbe et tranquille horizon,
Examiner en moi les vérités profondes
Et regarder les fleurs qui sont dans le gazon ;

Maintenant, ô mon Dieu ! que j'ai ce calme sombre
De pouvoir désormais
Voir de mes yeux la pierre où je sais que dans l'ombre
Elle dort pour jamais ;

Maintenant qu'attendri par ces divins spectacles,
Plaines, forêts, rochers, vallons, fleuve argenté,
Voyant ma petitesse et voyant vos miracles,
Je reprends ma raison devant l'immensité ;

Je viens à vous, Seigneur, Père auquel il faut croire;
Je vous porte, apaisé,
Les morceaux de ce cœur tout plein de votre gloire
Que vous avez brisé;

Je viens à vous, Seigneur! confessant que vous êtes,
Bon, clément, indulgent et doux, ô Dieu vivant!
Je conviens que vous seul savez ce que vous faites,
Et que l'homme n'est rien qu'un jonc qui tremble au vent.

Je dis que le tombeau qui sur les morts se ferme
Ouvre le firmament;
Et que ce qu'ici-bas nous prenons pour le terme
Est le commencement.

Je conviens à genoux que vous seul, Père auguste,
Possédez l'infini, le réel, l'absolu;
Je conviens qu'il est bon, je conviens qu'il est juste
Que mon cœur ait saigné, puisque Dieu l'a voulu.

Je ne résiste plus à tout ce qui m'arrive
Par votre volonté.

L'âme de deuils en deuils, l'homme de rive en rive,
Roule à l'éternité.

Nous ne voyons jamais qu'un seul côté des choses ;
L'autre plonge en la nuit d'un mystère effrayant.
L'homme subit le joug sans connaître les causes.
Tout ce qu'il voit est court, inutile et fuyant.

Vous faites revenir toujours la solitude
Autour de tous ses pas.
Vous n'avez pas voulu qu'il eût la certitude
Ni la joie ici-bas !

Dès qu'il possède un bien, le sort le lui retire.
Rien ne lui fut donné, dans ses rapides jours,
Pour qu'il s'en puisse faire une demeure, et dire :
« C'est ici ma maison, mon champ et mes amours ! »

Il doit voir peu de temps tout ce que ses yeux voient ;
Il vieillit sans soutiens.

Puisque ces choses sont, c'est qu'il faut qu'elles soient ;
J'en conviens, j'en conviens !

Le monde est sombre, ô Dieu ! l'immuable harmonie
Se compose des pleurs aussi bien que des chants ;
L'homme n'est qu'un atome en cette ombre infinie,
Nuit où montent les bons, où tombent les méchants.

Je sais que vous avez bien autre chose à faire
Que de nous plaindre tous,
Et qu'un enfant qui meurt, désespoir de sa mère,
Ne vous fait rien, à vous !

Je sais que le fruit tombe au vent qui le secoue ;
Que l'oiseau perd sa plume et la fleur son parfum ;
Que la création est une grande roue
Qui ne peut se mouvoir sans écraser quelqu'un.

Les mois, les jours, les flots des mers, les yeux qui pleurent,
Passent sous le ciel bleu ;

Il faut que l'herbe pousse et que les enfants meurent;
Je le sais, ô mon Dieu!

Dans vos cieux, au delà de la sphère des nues,
Au fond de cet azur immobile et dormant,
Peut-être faites-vous des choses inconnues
Où la douleur de l'homme entre comme élément.

Peut-être est-il utile à vos desseins sans nombre
Que des êtres charmants
S'en aillent, emportés par le tourbillon sombre
Des noirs événements.

Nos destins ténébreux vont sous des lois immenses
Que rien ne déconcerte et que rien n'attendrit.
Vous ne pouvez avoir de subites clémences
Qui dérangent le monde, ô Dieu! tranquille esprit!

Je vous supplie, ô Dieu! de regarder mon âme,
Et de considérer

Qu'humble comme un enfant et doux comme une femme,
Je viens vous adorer!

Considérez encor que j'avais, dès l'aurore,
Travaillé, combattu, pensé, marché, lutté,
Expliquant la nature à l'homme qui l'ignore,
Éclairant toute chose avec votre clarté;

Que j'avais, affrontant la haine et la colère,
Fait ma tâche ici-bas,
Que je ne pouvais pas m'attendre à ce salaire,
Que je ne pouvais pas

Prévoir que, vous aussi, sur ma tête qui ploie,
Vous appesantiriez votre bras triomphant,
Et que, vous qui voyez comme j'ai peu de joie,
Vous me reprendriez si vite mon enfant!

Qu'une âme ainsi frappée à se plaindre est sujette.
Que j'ai pu blasphémer,

Et vous jeter mes cris comme un enfant qui jette
Une pierre à la mer!

Considérez qu'on doute, ô mon Dieu! quand on souffre,
Que l'œil qui pleure trop finit par s'aveugler,
Qu'un être que son deuil plonge au plus noir du gouffre,
Quand il ne vous voit plus, ne peut vous contempler,

Et qu'il ne se peut pas que l'homme, lorsqu'il sombre
Dans les afflictions,
Ait présente à l'esprit la sérénité sombre
Des constellations!

Aujourd'hui, moi qui fus faible comme une mère,
Je me courbe à vos pieds devant vos cieux ouverts.
Je me sens éclairé dans ma douleur amère
Par un meilleur regard jeté sur l'univers.

Seigneur, je reconnais que l'homme est en délire,
S'il ose murmurer;

Je cesse d'accuser, je cesse de maudire;
Mais laissez-moi pleurer!

Hélas! laissez les pleurs couler de ma paupière,
Puisque vous avez fait les hommes pour cela!
Laissez-moi me pencher sur cette froide pierre
Et dire à mon enfant : « Sens-tu que je suis là? »

Laissez-moi lui parler, incliné sur ses restes,
Le soir, quand tout se tait,
Comme si, dans sa nuit rouvrant ses yeux célestes,
Cet ange m'écoutait!

Hélas! vers le passé tournant un œil d'envie,
Sans que rien ici-bas puisse m'en consoler,
Je regarde toujours ce moment de ma vie
Où je l'ai vue ouvrir son aile et s'envoler!

Je verrai cet instant jusqu'à ce que je meure;
L'instant, pleurs superflus!

Où je criai : « L'enfant que j'avais tout à l'heure,
Quoi donc ! je ne l'ai plus ! »

Ne vous irritez pas que je sois de la sorte,
O mon Dieu ! cette plaie a si longtemps saigné !
L'angoisse dans mon âme est toujours la plus forte,
Et mon cœur est soumis, mais n'est pas résigné.

Ne vous irritez pas ! fronts que le deuil réclame,
Mortels sujets aux pleurs,
Il nous est malaisé de retirer notre âme
De ces grandes douleurs.

Voyez-vous, nos enfants nous sont bien nécessaires,
Seigneur ; quand on a vu dans sa vie, un matin,
Au milieu des ennuis, des peines, des misères,
Et de l'ombre que fait sur nous notre destin,

Apparaître un enfant, tête chère et sacrée,
Petit être joyeux,
Si beau, qu'on a cru voir s'ouvrir à son entrée
Une porte des cieux ;

Quand on a vu, seize ans, de cet autre soi-même
Croître la grâce aimable et la douce raison,
Lorsqu'on a reconnu que cet enfant qu'on aime
Fait le jour dans notre âme et dans notre maison,

Que c'est la seule joie ici-bas qui persiste
De tout ce qu'on rêva,
Considérez que c'est une chose bien triste
De le voir qui s'en va!

4 septembre 1847.

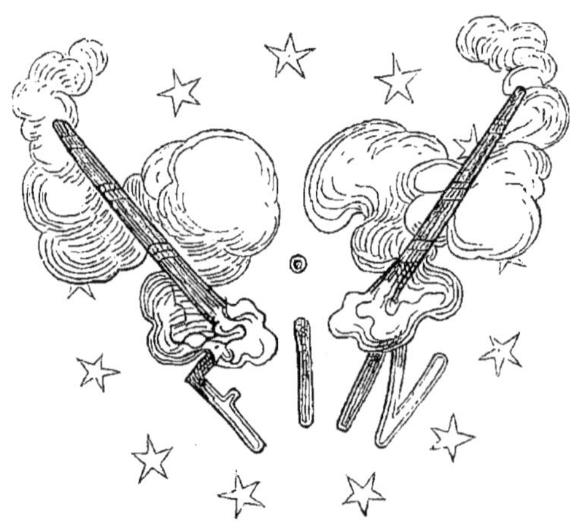

LES ENFANTS
PAR
VICTOR HUGO

TABLE

LES JEUNES FILLES

LES ORPHELINS ET LES PAUVRES

SOUVENIRS D'ENFANCE

LES MÈRES

LES DEUILS ET LES TOMBES

PAUCA MEÆ

Paris. — Typ. A. Quantin, 7, rue Saint-Benoît.

www.ingramcontent.com/pod-product-compliance
Lightning Source LLC
LaVergne TN
LVHW050509100826
845148LV00002B/285

9782012687578